SÃO JUDAS TADEU

O APÓSTOLO DA MISERICÓRDIA DE CRISTO

CB022646

Coleção Testemunhas – Série Santos

- *Agostinho, o convertido* - Bernard Sesé
- *Antônio de Pádua: um santo também para você* - Giovanni M. Colasanti
- *Bernadete: a santa de Lourdes* - René Laurentin
- *Camillo de Lellis* - Mateo Bautista
- *Clara: a companheira de Francisco* - Rina Maria Pierazzi
- *Dom Bosco: fundador da Família Salesiana* - Robert Schiélé
- *Edith Stein: uma vida por amor* - Vittoria Fabretti
- *Francisco de Sales: a paixão pelo outro* - René Champagne
- *Francisco Xavier: pioneiro da inculturação* - Hugues Didier
- *Inácio de Loyola: companheiro de Jesus* - Jorge González Manent
- *Joana D'Arc: a mulher forte* - Régine Pernoud
- *João Batista: o precursor do Messias* - René Laurentin
- *João da Cruz: pequena biografia* - Bernard Sesé
- *Padre Pio: o perfume do amor* - Elena Bergadano
- *Padre Pio: o São Francisco de nosso tempo* - Luigi Peroni
- *Paulo, apóstolo e escritor* - Édouard Cothenet
- *Pedro, o primeiro Papa* - René Laurentin
- *Rosa de Lima: mulher e santa* - Benjamin Garcia
- *São Cristóvão: condutor de Cristo e guia do motorista* - Pe. Mário José Neto
- *São João da Cruz: um homem, um mestre, um santo* - Carmelo do Imaculado Coração de Maria e Santa Teresinha (Cotia/SP)
- *Teresinha de Jesus: traços biográficos* - Marc Joulin
- *São Judas Tadeu: o apóstolo da misericórdia de Cristo* – Jorge López Teulón

Jorge López Teulón

SÃO JUDAS TADEU

O APÓSTOLO DA MISERICÓRDIA DE CRISTO

Dados Internacionais de Catalogação na Publicação (CIP)
(Câmara Brasileira do Livro, SP, Brasil)

López Teulón, Jorge
São Judas Tadeu : o apóstolo da misericórdia de Cristo / Jorge López Teulón ; [tradução Luciano Menezes Reis]. – São Paulo : Paulinas, 2013. – (Coleção testemunhas. Série santos)

Título original: San Judas Tadeo : el apóstol de la misericorida de Cristo.
ISBN 978-85-356-3632-1

1. Apóstolos - Biografia 2. Judas, Tadeu, Apóstolo, Santo 3. Santos cristãos - Biografia I. Título. II. Série.

13-09446 CDD-922.22

Índice para catálogo sistemático:

1. Santos : Igreja Católica : Biografia 922.22

Título original da obra: *San Judas Tadeo: El apóstol de la misericordia de Cristo*
© Edibesa, Madrid, 2010

Citações bíblicas: *Bíblia Sagrada*.
Tradução da CNBB. 7. ed. 2008.

1ª edição – 2013
2ª reimpressão – 2025

Direção geral: *Bernadete Boff*
Editora responsável: *Maria Goretti de Oliveira*
Tradução: *Luciano Menezes Reis*
Copidesque: *Mônica Elaine G. S. da Costa*
Coordenação de revisão: *Marina Mendonça*
Revisão: *Ruth Mitzuie Kluska*
Gerente de produção: *Felício Calegaro Neto*
Capa e diagramação: *Jéssica Diniz Souza*

Nenhuma parte desta obra poderá ser reproduzida ou transmitida por qualquer forma e/ou quaisquer meios (eletrônico ou mecânico, incluindo fotocópia e gravação) ou arquivada em qualquer sistema ou banco de dados sem permissão escrita da Editora. Direitos reservados.

Paulinas
Rua Dona Inácia Uchoa, 62
04110-020 – São Paulo – SP (Brasil)
Tel.: (11) 2125-3500
paulinas.com.br
editora@paulinas.com.br
Telemarketing e SAC: 0800-7010081

© Pia Sociedade Filhas de São Paulo – São Paulo, 2013

Sumário

I. A vida de São Judas, Apóstolo

II. A devoção a São Judas Tadeu

Este livro pretende nos aproximar do santo apóstolo Judas Tadeu e de sua devoção. Não se trata de uma biografia no uso comum do termo. Conhecemos poucos dados sobre sua vida, embora sejam muitos os episódios em que, junto com os demais apóstolos, acompanha Nosso Senhor Jesus Cristo. São Judas Tadeu foi testemunha da vida de Jesus do começo ao fim, pois eram primos carnais. Contudo, o desejo do autor é que a meditação dos episódios possa nos levar, como convida Santo Inácio de Loyola em seus *Exercícios Espirituais*, ao que denominamos *composição de lugar*: introduzir-nos em cada um desses cenários, que podíamos ter multiplicado para, na pele do Apóstolo, aprender os ensinamentos de Jesus.

Conhecemos Judas Tadeu por incentivar os fiéis a confiar na misericórdia de Cristo; por isso, o invocamos nos casos difíceis e desesperados.

(Bento XVI)

I.

A vida de São Judas, Apóstolo

1. Na Basílica de São Pedro

Aquela mulher, chamada Emília Kaczorowska, havia percorrido milhares de quilômetros ao deixar sua pátria polonesa. Agora, ao lado de seu neto Tadeusz,[1] esperava poder escutar a voz do novo pontífice, o papa Bento XVI, eleito havia pouco. A seguir, arrastaria seu corpo cansado pela fadiga do trabalho e dos anos até o túmulo de seu compatriota, o papa Wojtyla. Durante anos, havia poupado para viajar a Roma no pontificado de João Paulo II, no entanto, não tinha sido possível. Agora, encontrava-se finalmente na praça de São Pedro. Sua mente fervilhava de recordações.

Emília passou a infância no bairro de Debniki, em Cracóvia. Ouvia sempre de seu pai como, anos antes de nascer, o bairro se estremecia todas as noites com o barulho tétrico das patrulhas alemãs que controlavam ferreamente o toque de queda promulgado pelo exército de ocupação nazista. As ruas de Cracóvia estavam escuras, mas alguns moradores, quando chegava a noite, movidos pela curiosidade, observavam todos os movimentos.

---

[1] Na Polônia, o nome de batismo *Tadeusz* é muito comum; a tradução ao português é Tadeu, que procede do apelido dado ao apóstolo Judas Tadeu.

Num apartamento situado na margem oposta ao castelo de Wawel, do gélido rio Vístula, seria representada uma peça de teatro.

Seu pai, testemunha daquela memorável jornada, contou esta história tantas vezes que frequentemente acreditava que ela mesma havia sido testemunha daqueles fatos. Todos, tanto espectadores como atores, estavam atentos para não ser vistos antes de chegar ao apartamento transformado em teatro. Entre os jovens, todos estudantes universitários, encontrava-se Karol Wojtyla, de 22 anos.[2]

Era 28 de novembro de 1942. Naquele dia representavam o famoso poema épico de Adam Mickiewicz, *Pan Tadeusz*, um clássico da tradição romântica polonesa. Nele, Mickiewicz

---

[2] No final dos anos escolares, o jovem Karol conheceu o também jovem professor de literatura polonesa *Mieczyslaw Kotlarczyk*, que havia pouco tinha dirigido, na Universidade Jagellónica, sua tese de doutorado que precisamente versava sobre o teatro. Com ele, tinha desenvolvido uma profunda amizade e juntos criaram o *Teatro Rapsódico*, estabelecendo um novo gênero dramático que despertou a admiração até mesmo dos especialistas, além de aplausos fervorosos dos espectadores. Aconteceu em agosto de 1941 e, apesar da proibição das autoridades nazistas, os dois montavam periodicamente espetáculos com outros amigos, reunindo-se mais de cem vezes para ensaiar. O cenário era o mínimo necessário e a arte estava concentrada na palavra, com apoio musical. Assim, o grupo conseguiu preparar dez títulos e oferecer, na clandestinidade absoluta, 22 representações nos apartamentos de diferentes amigos, por razões de segurança. Os amigos dos artistas, como também personalidades da vida cultural de Cracóvia, compareciam às representações.

exalta o sentimento de independência polonês, interpreta que a História tem uma carga espiritual muito intensa e que o sofrimento representa o caminho que a alma deve seguir para atingir a glória.

O pai de Emília recordava sempre o fato que aconteceu naquela noite. Enquanto o diretor afinava de forma rigorosa a articulação de Karol, seu ritmo e o senso de conexão com o público, os megafones nazistas, alheios a tudo o que acontecia nesse apartamento, vociferavam suas palavras de ordem pelas ruas, tornando impossível a audição do protagonista.

"Quando o propagandista terminou sua glorificação das atrocidades alemãs, (Karol) Wojtyla (com as palavras criadas por Mickiewicz) estava anunciando a reconciliação de Soplica (protagonista da obra) com o mordomo. Observei as caras dos convidados à assembleia. O mesmo pensamento animava a todos nós. Todos sentíamos que éramos filhos desta nação, uma nação que ao longo dos séculos havia sido traída, mas que não sucumbia no Terror."

Naquele 16 de outubro de 1978, seguia pensando Emília, quando nosso compatriota foi eleito Sumo Pontífice da Igreja Católica, meu pai voltou a lembrar-se daquele acontecimento e disse: "Wojtyla se recusou a admitir a derrota para o poder do megafone e todos consideramos que um jovem capaz de continuar com calma uma representação clandestina de 'Pan Tadeusz',[3] enquanto os megafones nazistas bramavam sua propaganda pelas ruas, era provável que também fosse capaz de comportar-se em público em qualquer situação dramática".[4]

Os retumbantes aplausos da praça de São Pedro diante da chegada do papa e os gritos de alegria de seu neto trouxeram repentinamente Emília à realidade. As palavras de Bento XVI ressoavam vigorosas em frente à fachada da Basílica: "Hoje me detenho numa interessante página da história, que diz respeito ao florescimento da teologia latina no século XII, graças a uma série providencial de coincidências. Nos

---

[3] *Pan Tadeusz* é um poema épico do polonês Adam Mickiewicz. Foi publicado pela primeira vez em Paris, em junho de 1834, e é considerado o último grande poema épico da literatura europeia, além de ser o poema épico nacional da Polônia, onde é lido nas escolas. A história sucede ao longo de cinco dias de 1811 e um de 1812, em um momento da história polonesa quando a Polônia-Lituânia estava para ser dividida entre Rússia, Prússia e Áustria e desaparecer do mapa político da Europa, embora Napoleão houvesse estabelecido o Ducado de Varsóvia na parte prussiana, em 1807. A ação acontece na parte russa, no povoado lituano de Soplicowo. *Pan Tadeusz* conta a história de duas nobres famílias feudais e do amor entre Tadeusz Soplica (o personagem do título), de uma das famílias, e Zosia, da outra.
Em 1999, Andreszj Wajda, diretor de cinema, recebeu o Oscar honorário por sua carreira e quis oferecer um passe de seu último filme, *Pan Tadeusz* (1998), ao papa João Paulo II. O pontífice recordou como, durante a ocupação nazista, clandestinamente e arriscando a vida, representou a obra.

[4] George WEIGEL, *Biografia de João Paulo II,* p. 102 e 1164 (Barcelona, 1999).

países da Europa ocidental reinava então uma paz relativa, que garantia o desenvolvimento econômico e a consolidação das estruturas políticas da sociedade, além de que favorecia uma intensa atividade cultural, graças – entre outras causas – aos contatos com o Oriente. Na Igreja se advertiam os benefícios da vasta ação conhecida como 'reforma gregoriana'..."

Os minutos tornaram-se segundos. Emília não deixava, nem um momento, de contemplar através das telas o ancião Pontífice, o mesmo que outras vezes havia visto ao lado do papa polonês. Diante do assombro de escutar o papa em sua língua, o pequeno Tadeusz disse a sua avó:

– *Babcia*, vovó, o papa sabe polonês.

– Preste atenção, meu bem.

– Queridos irmãos e irmãs poloneses. Saúdo cordialmente a todos vós. Hoje recordamos os santos apóstolos Simão e Judas Tadeu. Conhecemos Simão pelo ardor de sua fé e Judas Tadeu por incentivar os fiéis a confiar na misericórdia de Cristo; por isso o invocamos nos casos difíceis e desesperados. Suas relíquias se encontram na Basílica de São Pedro. Encomendo-vos à intercessão dos santos patronos de hoje e vos dou de coração minha bênção.[5]

---

[5] Audiência geral da quarta-feira, 28 de outubro de 2009. O papa tratou sobre "A teologia monástica e a teologia escolástica". No final, nas saudações aos peregrinos de língua polonesa, ucraniana e

Quando tudo terminou, avó e neto se dispuseram a seguir a imensa fila até o túmulo do papa anterior. Depois de anos, as filas em lugar de cessar se incrementam com os milhares e milhões de peregrinos que vêm a Roma, a São Pedro e ao túmulo de João Paulo II. Após as muitas petições que a mulher levava em nome da família, de conhecidos e da paróquia, sem soltar a mão do neto, chegou à imensa nave da Basílica. Como se encontrava meio perdida, perguntou a um sacerdote que estava diante da porta da sacristia:

– Desculpe, você pode dar uma informação? As relíquias do apóstolo Tadeu, onde estão?

– A senhora é polonesa, não é? Não só por causa de seu sotaque, é que por aqui ninguém chama São Judas de Tadeu, somente os poloneses – respondeu-lhe com carinho –, venha, venha.

A caminho do altar de São José, onde repousam as relíquias dos dois apóstolos, o sacerdote perguntou ao menino, em seu idioma, como era o nome dele:

– Tadeusz, padre. Aqui em Roma todos sabem polonês, não é? Até mesmo o papa fa-

---

italiana referiu-se à festa dos santos apóstolos Simão e Judas Tadeu. Ver texto íntegro da catequese em: Ensinamentos de Bento XVI. *Dicionário de temas e nomes*. Madri: Edibesa, 2010. Tomo 5, p. 804-812.

lou em nosso idioma! Só quero ver a cara dos meus colegas, quando eu contar isso na escola!

Quase sem poder disfarçar o riso, respondeu:

– É sim, quase todos. Por isso, sua avó está levando você até o altar de São José, para que reze diante das relíquias do seu santo patrono.

– Eu nem sabia que existiam – comentou Emília –, e menos ainda que estivessem aqui guardadas.

Chegando ao altar de São José, o sacerdote, que era da diocese de Varsóvia e estava estudando em Roma, começou a explicar-lhes:

– Segundo a tradição, as relíquias dos santos apóstolos Simão e Judas Tadeu são veneradas nesta basílica desde 27 de outubro de 1605.[6] Em 1963, o "papa bom", nosso querido beato João XXIII, dedicou este altar a São José, patrono da Igreja Universal, e nele repousam as relíquias dos apóstolos. Os restos encontravam-se anteriormente num altar dedicado aos dois apóstolos na antiga basílica, que foi transformada em capela por Paulo III.

---

[6] No século VII, as relíquias de São Simão e São Judas foram trasladadas a Roma. O papa São Leão III presenteou uma parte a Carlos Magno, que foi colocada na basílica de São Saturnino de Tolosa. Outra parte das relíquias foi entregue à igreja de Santo André, em Colônia (Alemanha).

– Padre, está mal escrito... puseram Thaddaeus em lugar de Tadeusz.

– Está em latim, que é a língua oficial da Igreja.

– Mas – desta vez interrogou a avó – como chegaram até aqui?

– Na verdade temos poucos dados sobre a vida de São Judas. Segundo conta a tradição, Abdias, que foi o primeiro bispo da Babilônia, recebeu a missão do rei desta cidade, então convertido recentemente ao cristianismo e sabendo da morte dos santos apóstolos, de levar seus corpos sagrados à capital e edificar-lhes um suntuoso templo, onde estiveram até seu traslado a Roma, por ocasião da invasão dos maometanos.

– Conte mais coisas, por favor – replicou o menino.

– Meu filho, o padre tem que ir embora. Não podemos ocupá-lo por mais tempo...

– Não, não se preocupe. Tenho o maior prazer de conversar com meus conterrâneos.

2. O apóstolo apaixonado

O sacerdote procurou um lugar afastado, para não incomodar o restante dos peregrinos que transitavam pela basílica, e começou sua narração:

> Segundo a tradição, Judas Tadeu estava intimamente relacionado com Nosso Senhor devido ao parentesco com Joaquim e Ana, pais da Santíssima Virgem. Sobrinho-neto destes dois santos, é, por sua vez, sobrinho de Maria e José, portanto, primo de Nosso Senhor Jesus Cristo. Além disso, nosso São Judas é irmão do apóstolo São Tiago, o menor.
>
> Tadeu, em sírio, quer dizer *bondoso* e, com certeza, é assim chamado para diferenciá-lo do outro Judas, o Iscariotes, que traiu o Senhor. O nome, o apelido, *Tadeu* nos indica algo mais sobre este apóstolo, pois significa "peito"; um médico nos diria "cavidade torácica"; ou, na versão em que é chamado *Lebeu,*[1] seria "co-

---

[1] Judas é chamado *Lebeu* em Mateus 10,3. Este nome procede da palavra hebreia *leb,* que significa "coração". Lebeu era o "menino do coração". E seu outro nome, Tadeu (Marcos 3,18), significa "criança de peito". Ambos os apelidos, referidos a este apóstolo, têm a ver com o nosso costume popular de referir-nos ao caçula como o "mimado da família". Todavia, também é importante notar que ambos os nomes, *Lebeu* e *Tadeu,* têm a ver com o caráter dócil, meigo, amigável, uma alma de espírito doce e pacífico, como o coração de uma criança. Em resumo, Judas "fazia as coisas com todo o coração, como uma criança".

ração". Ambos os sentidos revelam alguém apaixonado, valente, fiel, amistoso, singelo. E realmente este parece ser seu temperamento, levando em conta o que escreve em sua curta epístola.

Outro dado sobre Judas Tadeu nos é proporcionado por ele mesmo, quando se autodenomina "Judas, servo de Jesus Cristo e irmão de Tiago". Tudo parece indicar que este Tiago é o menor, isto é, o "irmão" do Senhor, o que mostra que Judas Tadeu era "irmão", ou seja, parente ou primo de Jesus. Quando se mencionam os irmãos do Senhor, aparecem os nomes de quatro deles: Tiago, José, Simão e Judas. Por isso, quando Nosso Senhor regressou da Judeia a Nazaré, e começou a ensinar na sinagoga, as pessoas que o ouviam, maravilhadas, diziam: "De onde lhe vêm essa sabedoria e esses milagres? Não é ele o filho do carpinteiro? Sua mãe não se chama Maria, e seus irmãos não são Tiago, José, Simão e Judas?".[2]

Nada impede identificar o apóstolo com esse parente de Jesus. Entre os quatro irmãos, segundo sabemos, dois se decidiram a deixar tudo para seguir seu parente e amigo, secundados por sua mãe Maria, que também acabará seguindo o mesmo caminho, assim como várias mulheres galileias. Dos outros dois, nada sabemos; é possível que estivessem entre os que criticavam o Senhor, ou, pelo menos, fossem indiferentes a seus ensinamentos.[3]

---

2 Mateus 13,54.

3 CASES MARTÍN, Enrique. *Os doze apóstolos*; conhecimento espiritual dos doze apóstolos. Na parte dedicada ao apóstolo São Judas Tadeu. Publicado na web: Catholic.net.

Pouco sabemos de Judas Tadeu, assim como dos outros apóstolos. Os Evangelhos são relatos da vida de Jesus Cristo, e os demais personagens, incluindo a Santíssima Virgem Maria, aparecem num segundo plano. Certamente, o apóstolo mais mencionado é São Pedro, por seu papel de protagonista em muitas passagens; no entanto, o outro Simão, Tadeu ou Bartolomeu apenas são mencionados.

Durante sua adolescência e juventude, Judas foi companheiro de Jesus. Quando Jesus começou sua vida pública, Judas deixou tudo para segui-lo. Tadeu foi quem, na noite da Última Ceia, perguntou a Jesus: "Como se explica que tu te manifestarás a nós e não ao mundo?" (Jo 14,22). Jesus respondeu-lhe que assim era porque eles o amavam e cumpriam seus mandamentos, e que a quem o ama e obedece vêm o Pai, o Filho e o Espírito Santo e fazem morada em sua alma.

Como apóstolo, trabalhou com grande zelo pela conversão dos pagãos. Foi missionário por toda a Mesopotâmia durante dez anos. Voltou a Jerusalém para o Concílio dos Apóstolos. Depois se uniu a Simão na Líbia, onde os apóstolos pregaram o Evangelho aos habitantes daquele país. Reza a tradição que Judas e Simão sofreram martírio em Siani, cidade da Pérsia onde haviam trabalhado como missionários. Judas foi assassinado com uma grande marreta. A seguir, foi decapitado com um machado.

Um último dado: São Judas Tadeu é conhecido por ser o autor de uma Carta que leva seu nome no Novo Testamento; são somente 24 versículos, contudo, já desde o ano 200 esta Carta foi aceita como canônica (inspirada por Deus) e, portanto, incluída na Bíblia. Foi provavelmente escrita antes da queda de Jerusalém, entre os anos 62 e 65. Nela, São Judas denuncia as heresias daqueles primeiros tempos e adverte os cristãos da sedução das falsas doutrinas.

Fala do juízo que ameaça os hereges por sua má vida e condena os critérios mundanos, a luxúria e "aqueles que, por interesse, adulam as pessoas". Anima os cristãos a permanecerem firmes na fé e lhes anuncia que surgirão falsos mestres, que burlarão da religião, mas que Deus reserva para eles a condenação. À soberba dos malvados, contrapõe a humilde lealdade do arcanjo São Miguel. Anima os cristãos a levantar um edifício espiritual, levando uma vida fundamentada na fé, no amor a Deus, na esperança e na oração. Encoraja a prática do amor ao próximo; exorta os cristãos a serem pacientes e, com suas vidas virtuosas, converterem os hereges. São Judas conclui sua Carta com uma oração de louvor a Deus pela Encarnação, pois por ela Jesus Cristo, Palavra eterna de Deus, tomou sobre si nossa natureza humana para nos redimir...

– Enfim, já é tarde – concluiu o sacerdote.

– Muito obrigada, padre!

Emília agradeceu-lhe o tempo dedicado e junto a seu neto voltaram ao altar de São José para rezar aos santos apóstolos, pedindo a São Judas pelas várias intenções que possuía.

– Também pediremos pelo senhor – disse Emília, enquanto se afastavam.

– Obrigado a vocês.

3. Alguns anos antes

Dia 1º de outubro de 2006. O papa Bento XVI se dispõe a dirigir-se ao mundo inteiro para apresentar a figura dos apóstolos Simão, o Cananeu, e Judas Tadeu. Estamos na audiência geral, na praça de São Pedro. Meses atrás, exatamente em 7 de junho, havia começado uma nova série de catequeses dedicadas ao grupo apostólico, iniciando-se por São Pedro, a rocha sobre a qual Cristo fundou sua Igreja. Terminaria com Judas Iscariotes e Matias, em 18 de outubro. O papa se dirige aos fiéis ali congregados:[1]

> Queridos irmãos e irmãs:
>
> Hoje, levamos em conta dois dos doze apóstolos: Simão, o Cananeu, e Judas Tadeu (a quem não há que confundir com Judas Iscariotes). Serão considerados juntos, não só porque nas listas dos Doze sempre estão juntos (cf. Mateus 10,4; Marcos 3,18; Lucas 6,15; Atos 1,13), como também porque as notícias sobre eles não são muitas, exceto que o cânone do Novo Testamento conserva uma carta atribuída a Judas Tadeu.

---

[1] Ver o texto da catequese na íntegra em: ENSEÑANZAS DE BENEDICTO XVI. Simão e Judas, santos. *Dicionário de temas e nomes*. Tomo 2, ano 2006, p. 859-862. Madri: Edibesa, 2007.

Judas Tadeu recebe este nome da tradição, unindo dois nomes diferentes: enquanto Mateus e Marcos chamam-no simplesmente "Tadeu" (Mateus 10,3; Marcos 3,18), Lucas chama-o "Judas de São Tiago" (Lucas 6,16; Atos 1,13). O apelido "Tadeu" tem uma derivação incerta e se explica como proveniente do aramaico *taddà*, que quer dizer "peito", isto é, significaria que é "magnânimo", ou como uma abreviação de um nome grego como "Teodoro, Teodoto". Dele, sabemos pouco. Somente João apresenta uma petição que fez a Jesus durante a Última Ceia. Tadeu diz ao Senhor: "Por que te manifestarás a nós e não ao mundo?". Trata-se de uma pergunta de grande atualidade que também nós perguntamos ao Senhor: Por que o Ressuscitado não se manifestou em toda a sua glória aos adversários para mostrar que o vencedor é Deus? Por que somente se manifestou a seus discípulos? A resposta de Jesus é misteriosa e profunda. O Senhor diz: "Se alguém me ama, guardará a minha palavra; meu Pai o amará, e nós viremos e faremos nele a nossa morada" (Jo 14,22-23). Isto quer dizer que o Ressuscitado tem que ser visto e percebido com o coração, de maneira que Deus possa estabelecer sua morada em nós. O Senhor não se apresenta como uma coisa. Ele quer entrar em nossa vida e por isso sua manifestação implica e pressupõe um coração aberto. Só assim vemos o Ressuscitado.

A Judas Tadeu foi atribuída a autoria de uma das cartas do Novo Testamento que são denominadas "católicas", porque não estão dirigidas a uma determinada Igreja local, e sim a um círculo muito mais amplo de destinatários.

Dirige-se "aos que foram chamados bem-amados em Deus Pai e guardados por Jesus Cristo" (versículo 1). A preocupação central deste escrito consiste em alertar os cristãos sobre todos os que tomam como desculpa a graça de Deus para absolver seus costumes depravados e para desviar os outros irmãos com ensinamentos inaceitáveis, introduzindo divisões dentro da Igreja, "por seus devaneios" (versículo 8); assim define Judas suas doutrinas e ideias particulares. Compara-os, inclusive, com os anjos caídos e, com termos fortes, diz que "enveredam pelo caminho de Caim" (versículo 11). Além disso, tacha-os – sem reticências – de "nuvens sem água, que passam levadas pelo vento. [...] árvores do fim do outono, sem frutos, duas vezes mortas, desarraigadas. São ondas furiosas do mar, que espumam as próprias abominações; estrelas errantes, às quais está reservado para sempre o turbilhão das trevas" (versículos 12-13).

Hoje, talvez, não estejamos acostumados a utilizar uma linguagem tão polêmica, que, no entanto, nos diz algo importante. *No meio de todas as tentações, de todas as correntes da vida moderna, temos de conservar a identidade de nossa fé.* Certamente, o caminho da indulgência e do diálogo, que o Concílio Vaticano II empreendeu com acerto, deve seguir com firme constância. Todavia, esse caminho do diálogo, tão necessário, não tem que nos afastar do dever de *sublinhar sempre as linhas fundamentais irrenunciáveis de nossa identidade cristã.*

Por outro lado, é preciso considerar sempre que nossa identidade exige força, claridade e valentia, diante das contradições do mundo em que vivemos. Por isso, o texto da carta continua dizendo assim: "Vós, porém, caríssimos, edificai-vos sobre o fundamento da vossa santíssima fé e orai, no Espírito Santo, de modo que vos mantenhais no amor de Deus, esperando a misericórdia de nosso Senhor Jesus Cristo, para a vida eterna. E aos que estão com dúvidas, tratai com misericórdia..." (versículos 20-22). A carta conclui-se com estas belíssimas palavras: "Àquele que é capaz de guardar-vos sem pecado e apresentar-vos irrepreensíveis e jubilosos perante a sua glória, ao Deus único, que nos salva por meio de Jesus Cristo, nosso Senhor: glória, majestade, domínio e poder, desde antes de todos os séculos, e agora e por todos os séculos. Amém" (versículos 24-25).

Vê-se com claridade que o autor destas linhas vive em plenitude a própria fé, à qual pertencem realidades grandes, como a integridade moral e a alegria, a confiança e – por último – o louvor, tudo motivado pela bondade de nosso único Deus e pela misericórdia de nosso Senhor Jesus Cristo. Por esse motivo, tanto Simão, o Cananeu, como Judas Tadeu nos ajudam a redescobrir sempre e a viver incansavelmente a beleza da fé cristã, sabendo dar testemunho forte e, ao mesmo tempo, sereno.

4. Eu declaro

Meu nome é Hegesipo de Jerusalém, sou considerado o primeiro historiador da Igreja.[1] Vivi em Roma por mais de vinte anos, durante os pontificados dos papas Aniceto e Eleutério; enfrentei as teorias gnósticas que surgiam dentro da Igreja. Tive a oportunidade de visitar os principais centros cristãos do Ocidente e do Oriente e comprovei, com grande satisfação, e assim dei a conhecer aos papas, que todas as heresias provinham de indivíduos; no entanto, nenhuma das Igrejas ou sedes episcopais tinha caído no erro. No ano 177, regressei a Jerusalém.[2]

Antes de minha morte, desejo escrever estas linhas para que as futuras gerações compreendam que tive acesso às antigas tradições palestinas e preciso explicar o que diz respeito aos parentes de Nosso Senhor Jesus Cristo.

No Evangelho de Mateus, lemos no versículo 55 do capítulo 13 que Tiago, José, Simão

---

[1] Hegesipo, pai da história da Igreja Católica, publicou a primeira lista de bispos romanos, desde Simão Pedro até Aniceto. Somente se conservam alguns capítulos dos cinco livros da *História da Igreja* escritos por ele e que compreendiam desde a Paixão de Cristo até a época do autor.

[2] Segundo a tradição, Hegesipo faleceu por volta do ano 180.

e Judas são mencionados, nessa ordem, como "irmãos" do Senhor. Soube, e assim declaro, que José, esposo da Santíssima Virgem e pai adotivo de Nosso Senhor, teve um irmão a quem conhecemos no Evangelho como Cléofas, casado com uma mulher chamada Maria, e que, como narra João em seu Evangelho, esteve ao pé da Cruz, no Calvário, junto com a mãe do Messias e que é chamada pelo evangelista de "Maria, mulher de Cléofas" (19,25).

Atrevemo-nos a afirmar que a educação de Tiago e de seu irmão Judas, convertidos em apóstolos do Senhor Jesus, havia sido a que predominava em todos os lares piedosos judeus e que, portanto, estava baseada no conhecimento da Escritura Sagrada e na rigorosa observância da Lei. Muitos dados apontam à difusão da linguagem e cultura gregos, através da Judeia e da Galileia, já desde o século I antes de Cristo; podemos supor que, ao menos a maioria dos apóstolos, desde sua infância, lia e falava grego tão bem como o aramaico.

No caso de Tiago e Judas,[3] suas cartas, que a Igreja Católica logo chamará epístolas, assim o demonstram.

---

[3] Um quadro genealógico de São Judas Tadeu foi divulgado por fr. Simpliciano, religioso dos Menores Alcantarinos de Nápoles, dizendo que Cornélio A. Lápide o tirou do livro *Deipara*, de C. Castro. Diz o seguinte: "Natá teve três filhos: Sobe, Jacó e Ana. Sobe, mãe de Santa Isabel (por sua vez, mãe de São João Batista) e mãe também de *Maria*, a esposa de Cléofas, que por sua vez foi mãe de

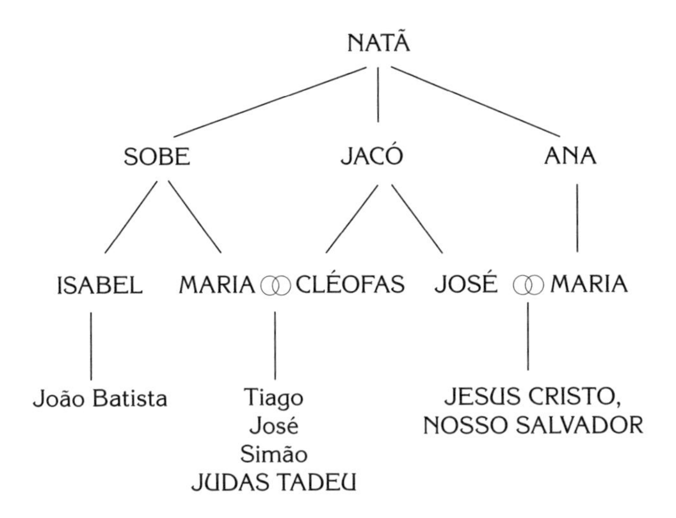

Alguns historiadores advertem que Maria teria casado, em segundas núpcias, com Cléofas, posto que Judas Tadeu era o último dos filhos. Tampouco nesta genealogia põe-se em dúvida que São José e Cléofas eram irmãos.

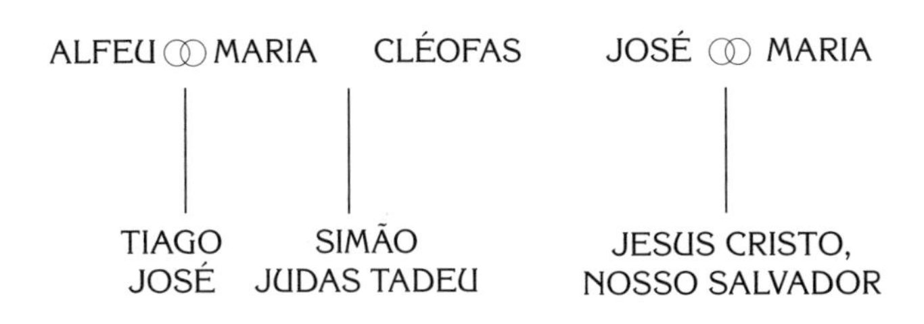

São Judas Tadeu. O outro filho foi Jacó, pai de São *Cléofas* e de São *José*, esposo da Virgem Maria; e a terceira foi Santa Ana, a mãe de Nossa Senhora". Além disso, Maria de Cléofas foi irmã de Salomé, esposa de Zebedeu e mãe dos apóstolos São Tiago, o Maior, e São João Evangelista, filhos de Zebedeu.

5. Mas... comecemos pelo princípio: Judas Tadeu, com os apóstolos, numa boda em Caná

Sou Lino, um dos criados que participaram em Caná da Galileia no que ficou conhecido como o primeiro milagre da vida de Jesus, quando transformou água em vinho. A verdade é que tudo foi muito enigmático, pelo menos para mim, que há muito pouco tempo servia naquela casa. De acordo com os nossos costumes, as festas de uma boda duram vários dias; sete, se a família tiver alguns recursos. Começam geralmente numa quarta-feira à tarde, como dia mais distante do sábado. Com tochas, saem à procura da esposa que será levada até a casa do esposo. Ali, as bênçãos, os bailes e a comida misturam-se numa continuidade interminável.

Como é lógico, toda essa celebração seria impossível nas nossas casas pequenas, que são simples dormitórios. O pátio, fora do período de chuvas, serve como templo, refeitório e salão de festas. As pessoas sentam-se em carros repletos de carneiro fervido em leite, de todo tipo de legumes frescos, de frutas secas... E, naturalmente, circula o vinho. As famílias pobres vão guardando vinho para esse dia, talvez durante anos. Os grandes odres vão se enchendo e não se toca neles até esse grande dia.

Uma boda não é, naturalmente, um acontecimento somente para as duas famílias dos noivos: quase todo o povo está convidado e também os parentes, mais ou menos próximos, das aldeias vizinhas. Nem todos os convidados participam dos sete dias da celebração. Vão e vêm. A porta fica aberta para todos os habitantes do lugar.

Para compreender o que quero transmitir é preciso dizer ainda que raramente as mulheres misturam-se com os homens e jamais se sentam à mesma mesa. No pátio, sentados sobre as esteiras, os círculos dos homens são claramente separados dos das mulheres, sendo que elas costumam permanecer quase sempre ao redor dos fornos, preparando os alimentos no mesmo ritmo em que a comida vai sendo consumida. O mestre-sala passeia entre os grupos, atendendo aos hóspedes... já não me lembro como se chamava aquele que nos comandava em Caná. A sua principal função é repartir o vinho. É ele quem o prepara, cuidando de dosá-lo com a água necessária e condimentá-lo com especiarias. Assim transcorrem as festas, dias e mais dias, dependendo tanto do número dos comensais como da posição dos esposos; porém, sempre mais de um dia. Trata-se de uma festa alegre, mas contida. É muito raro algum tipo de excesso. É mal visto alguém se embebedar, porque respeitamos escrupulosamente as normas de civilidade. Para um judeu, uma boda é sempre um acontecimento pleno de sentido, pois através do amor tornam-se perenes as promessas feitas por Javé a seu povo. Por isso, os nossos cantos e danças nunca separam a alegria humana da religiosa.[1]

Mesmo sem ser cristão, tive a oportunidade de ler o texto de um dos apóstolos de Jesus, que circula entre seus seguidores. Lembro-me bem, era muito jovem naquela época, mas seus olhos abriam-se muito para perguntar todo tipo de detalhes sobre o que tinha acontecido. Em sua narração, encontro muito do que eu mesmo lhe contei naquele dia. João – assim se chamava aquele rapaz – começa simplesmente dizendo:

> No terceiro dia, houve um casamento em Caná da Galileia, e a mãe de Jesus estava lá. Também Jesus e seus discípulos foram convidados para o casamento. Faltando o vinho, a mãe de Jesus lhe disse: "Eles não têm vinho!" Jesus lhe respondeu: "Mulher, que é isso, para mim e para ti? A minha hora ainda não chegou". Sua mãe disse aos que estavam servindo: "Fazei tudo o que ele vos disser!" Estavam ali seis talhas de pedra, de quase cem litros cada, destinadas às purificações rituais dos judeus. Jesus disse aos que estavam servindo: "Enchei as talhas de água!". E eles as encheram até a borda. Então

---

1 DESCALZO, José Luis Martín. *Vida e mistério de Jesus de Nazaré (I)*, p. 273ss. (Salamanca, 1986).

disse: “Agora, tirai e levai ao encarregado da festa”. E eles levaram. O encarregado da festa provou da água mudada em vinho, sem saber de onde viesse, embora os serventes que tiraram a água o soubessem. Então chamou o noivo e disse-lhe: “Todo o mundo serve primeiro o vinho bom e, quando os convidados já beberam bastante, serve o menos bom. Tu guardaste o vinho bom até agora”. Este início dos sinais, Jesus o realizou em Caná da Galileia. Manifestou sua glória, e os seus discípulos creram nele. Depois disso, Jesus desceu para Cafarnaum, com sua mãe, seus irmãos e seus discípulos. Lá, permaneceram apenas alguns dias.[2]

Com certeza, foi uma boda muito especial. Sim, e lembro-me perfeitamente daquela mulher parente dos donos. Chamava-se Maria.[3] Ela foi convidada para servir, para atender os convidados, e embora fosse uma família modesta, tinham preparado tudo com esmero... por isso, ficamos muito surpresos com o que aconteceu com o vinho. O mal-estar da situação não passou despercebido a Maria, que, como narra o texto, comunicou ao filho o que estava acontecendo.

---

2 Jo 2,1-11.

3 Maria estava entre os convidados à boda por motivos de parentesco. De fato, uma tradição cristã do século XII (referida por João de Würzburgo, em 1165) diz que Séforis era a pátria de Ana, de quem – como testemunha o Protoevangelho de São Tiago (s. II) – nasceu a Virgem Maria. E Séforis se encontra próxima a Caná. O convite se estendeu também a Jesus e a seus discípulos.

Jesus! Jesus! Tenho ouvido tantas coisas sobre ele. E tantas vezes já me pediram para descrevê-lo, para contar o que aconteceu naquele dia. E também quando voltou e curou o filho de um funcionário real. Sucedeu muito perto de casa. O funcionário tinha um filho doente em Cafarnaum. Quando soube que Jesus tinha vindo da Judeia à Galileia, foi até ele e rogou que fosse curar seu filho, porque estava para morrer.

Então Jesus disse-lhe: "Se não virdes sinais e prodígios, não crereis". O funcionário respondeu-lhe: "Senhor, desce, antes que meu filho morra!". Jesus disse-lhe: "Vai, teu filho vive". O homem creu na palavra que Jesus havia pronunciado e se pôs a caminho.[4]

Logo soubemos que, quando descia, seus servos vieram encontrá-lo e lhe disseram que seu filho estava vivo. Ele então lhes perguntou a hora em que o filho tinha-se sentido melhor. Eles disseram: "Ontem, à hora sétima, a febre o deixou". O pai comprovou que era a mesma hora em que Jesus lhe afirmara: "Teu filho vive", e tanto ele como toda sua família creram.

Foi tudo tão rápido. Aconteceu do mesmo modo que com o vinho. Todos ficamos maravilhados e, ao mesmo tempo, impressionados.

---

[4] Jo 4,46-53.

Por certo, eu mesmo enchi uma das talhas com água. Foi um milagre. E os olhos penetrantes de Maria, que só transmitiam paz e segurança de que alguma coisa iria acontecer! E as suas palavras: "Fazei tudo o que ele vos disser"! Foi a melhor ordem jamais dada. Dizem que o noivo se chamava Tadeu.[5] Embora logo se somasse ao grupo de seus discípulos e ficasse conhecido como Judas Tadeu.

Soube que Jesus não voltou a Nazaré depois daquela semana de bodas. Com seus discípulos Filipe e João, desceu a Cafarnaum e sua mãe também quis acompanhá-lo. Tiago e Judas regressaram a Nazaré, mas pouco depois, aproximando-se a Páscoa, contornaram o lago por Cafarnaum para acompanhar Jesus em sua subida a Jerusalém, com os demais e Natanael.

Evocação junto ao lago

Seguindo pelo caminho de Caná, aparece lá no fundo, de pronto, o belíssimo lago, azul turquesa, como um pedaço de céu incrustado entre colinas. Os olhos de Maria pousaram sobre a placidez da paisagem. Na direção sudeste, via as brancas cúpulas de Tiberíades, capital semipagã da Tetrarquia, recém-construída por Herodes; a seus pés, a formosa cidade de Magdala ou Tariqueia, debruçando-se sedutora

[5] Uma remota lenda grega afirma que o apóstolo Judas Tadeu era o noivo das Bodas de Caná.

sobre o espelho das águas; para o norte, entre a bruma, Cafarnaum e Betsaida Julias. E lá longe, a uns doze quilômetros, corria a ribeira oriental do Tiberíades, em que se adivinhava o núcleo urbano de Hippos, cidade grega, e outras populações notáveis, que progrediam ao redor do lago... Um lindo panorama! Doce e encantadora tribuna para a grande pregação da Boa-Nova![6]

Já em Cafarnaum, João levou Jesus e sua mãe, Maria, para sua casa. Salomé, a mãe de João, e Tiago, seu irmão mais velho, vieram e ouviram pela primeira vez o filho e a mãe. Zebedeu tinha formado, com sua esposa e filhos, uma família religiosa, trabalhadora e remediada, uma família de pescadores que vivia sossegadamente.

Não tardaram em chegar Pedro, André e suas respectivas esposas. Todos ficaram impressionados pela majestade e palavra daquele jovem Rabi, anunciado pelo Batista como o Salvador de Israel, e que acabava de realizar tão grande prodígio em Caná. Contudo, não ficaram menos impressionados com a mãe de Jesus, de sorriso bondoso e olhos doces que davam um encanto soberano a sua beleza.

---

[6] Assim descreve, de maneira genial, o sacerdote Jaime COLOMINA TORNER, em sua obra *Mariam de Judá: vida de Maria*, p. 193. Madri: Edibesa, 2005. Na primeira edição (Toledo, 1981), localizava-se na p. 211.

Não permaneceram muitos dias naquela casa. Quando chegaram os demais, os homens juntaram-se a uma caravana que ia para a capital por ocasião da Páscoa. Foram Jesus, Pedro, André, João com Tiago (seu irmão), Bartolomeu e seus primos-irmãos Judas Tadeu e Simão, Tiago e José: tratava-se do primeiro grupo de amigos de Jesus, incondicionais; sete deles integrariam o grupo dos doze apóstolos.

6. Judas Tadeu, um dos Doze

Como se sentiu Judas Tadeu ao conhecer a lista que seu primo e Mestre fez dos doze "eleitos" para ser seus apóstolos, seus seguidores mais próximos? Esperava ouvir seu nome depois de Pedro e André, Tiago e João, Filipe, Bartolomeu...? Sim! Seu nome estava no coração de Jesus e foi pronunciado pelos lábios do Mestre. Judas Tadeu, além de primo de Jesus, seria para sempre um de seus mais íntimos discípulos, colaboradores e apóstolos!

O primeiro impacto iria lentamente se sedimentando em sua vida. Naquele momento, só um sentimento preenchia seu coração: *Obrigado, Jesus, por associar-me ainda mais à tua vida!* Desde então, cada passo do Mestre seria uma lição para seu parente discípulo.

A Carta aos Efésios nos apresenta a Igreja como um edifício construído "sobre o alicerce dos apóstolos e dos profetas, tendo como pedra angular Cristo Jesus".[1] No Apocalipse, o papel dos apóstolos, e mais especificamente dos Doze, torna-se claro na perspectiva escatológica da Jerusalém celeste, apresentada como uma cidade cuja muralha "tinha doze alicerces,

---

1 Efésios 2,20.

e sobre eles estavam escritos os nomes dos doze Apóstolos do Cordeiro".[2] Os Evangelhos concordam ao informar que o chamado dos apóstolos marcou os primeiros passos do ministério de Jesus, depois do Batismo recebido de João nas águas do Jordão.

Segundo o relato de São Marcos (1,16-20) e São Mateus (4,18-22), *o cenário do chamado dos primeiros apóstolos é o lago da Galileia.* Jesus acaba de começar a pregação do Reino de Deus, quando seu olhar se fixa em dois pares de irmãos: Simão e André e Tiago e João. São pescadores, dedicados a seu trabalho diário. Jogam as redes e as consertam, todavia, os espera outro tipo de pesca. Jesus chama-os com decisão e eles o seguem imediatamente: de agora em diante serão "pescadores de homens".[3]

São Lucas (5,1-11), embora siga a mesma tradição, tem um relato mais elaborado. Mostra o caminho de fé dos primeiros discípulos, indicando com exatidão que *o convite ao seguimento lhes chega depois de haverem escutado a primeira pregação de Jesus e de assistirem aos primeiros sinais prodigiosos realizados por Ele.* Em particular, a pesca milagrosa constitui o contexto imediato e proporciona o símbolo da missão de pescadores de homens, a eles enco-

[2] Apocalipse 21,14.

[3] Marcos 1,17; Mateus 4,19.

mendada. O destino desses "chamados", desse momento em diante, estará intimamente unido ao de Jesus. *O apóstolo* é um enviado, mas, antes de tudo, *é um "especialista" de Jesus.*

O evangelista São João evidencia exatamente esse aspecto, desde o primeiro encontro de Jesus com seus futuros apóstolos. Aqui o contexto é diferente. O encontro tem lugar nas margens do Jordão. A presença dos futuros discípulos, que como Jesus tinham vindo da Galileia para viver a experiência do Batismo administrado por João, lança luz sobre seu mundo espiritual.

Eram homens que esperavam o Reino de Deus, desejosos de conhecer o Messias, cuja vinda era anunciada como iminente. Para eles, é suficiente a indicação de João Batista, que aponta Jesus como o "Cordeiro de Deus",[4] para que surja neles o desejo de um encontro pessoal com o Mestre. As palavras do diálogo de Jesus com os primeiros dos futuros apóstolos são muito expressivas. À pergunta "Que procurais?", eles respondem com outra pergunta "Rabi (que quer dizer mestre), onde moras?". A resposta de Jesus é um convite: "Vinde e vede".[5] Venham para que possam ver.

A aventura dos apóstolos começa assim, *como um encontro de pessoas que se desvendam*

---

[4] João 1,36.

[5] João 1,38-39.

reciprocamente. Para os discípulos, começa um conhecimento direto do Mestre. Veem onde mora e começam a conhecê-lo; com efeito, não deverão ser anunciadores de uma ideia, mas *testemunhas de uma pessoa*. Antes de serem enviados a evangelizar, deverão "estar" com Jesus,[6] construindo com ele um relacionamento pessoal. Sobre essa base, a evangelização não será mais que um anúncio do que foi experimentado e um convite a entrar no mistério da comunhão com Cristo.[7]

A quem serão enviados os apóstolos? No Evangelho, Jesus parece limitar sua missão só a Israel: "Eu fui enviado somente às ovelhas perdidas da casa de Israel".[8] De modo análogo, parece circunscrever aos Doze a missão encomendada: "Jesus enviou esses Doze, com as seguintes recomendações: 'Não deveis ir aos territórios dos pagãos, nem entrar nas cidades dos samaritanos. Ide, antes, às ovelhas perdidas da casa de Israel'".[9]

O papa Bento XVI afirma que certa crítica moderna, de inspiração racionalista, havia visto nestas expressões a falta de uma consciência universalista do Nazareno. Na realidade, elas devem ser compreendidas à luz de sua relação

6 Marcos 3,14.

7 1 João 1,3.

8 Mateus 15,24.

9 Mateus 10,5-6.

especial com Israel, comunidade da Aliança, na continuidade da história da salvação.

Segundo a espera messiânica, as promessas divinas, dirigidas imediatamente a Israel, seriam cumpridas quando Deus mesmo, através de seu Eleito, reuniria seu povo como faz um pastor com seu rebanho: "... vou libertar minhas ovelhas e já não servirão para a pilhagem. Para apascentá-las estabelecerei sobre elas um único pastor, o meu servo Davi. Ele as apascentará e lhes servirá de pastor. Eu, o Senhor, serei o seu Deus e o meu servo Davi será príncipe entre eles".[10]

Jesus é o pastor escatológico[11] que reúne as ovelhas perdidas da casa de Israel e vai à procura delas, porque as conhece e as ama.[12] Através dessa "reunião", o Reino de Deus é anunciado a todas as nações: "Manifestarei a minha glória às nações. Todas as nações verão o castigo que executarei, e minha mão, que farei cair sobre elas".[13] Jesus segue exatamente essa linha profética. O primeiro passo é a "reunião" do povo de Israel, para que assim todas as nações chamadas a congregar-se na comunhão com o Senhor possam ver e crer.

---

[10] Ezequiel 34,22-24.

[11] Bento XVI, *Audiência Geral* de 22 de março de 2006.

[12] Lucas 15,4-7 e Mateus 18,12-14; também a figura do bom pastor em João 10,11ss.

[13] Ezequiel 39,21.

Desse modo, os Doze, eleitos para participar na mesma missão de Jesus, cooperam com o Pastor dos últimos tempos, indo também eles às ovelhas perdidas da casa de Israel, isto é, dirigindo-se ao povo da promessa, cuja reunião é o sinal de salvação para todos os povos, o início da universalização da Aliança.

Longe de contradizer a abertura universalista da ação messiânica do Nazareno, a limitação inicial de sua missão e a dos Doze a Israel transforma-se assim no sinal profético mais eficaz. Depois da paixão e da ressurreição de Cristo, esse sinal ficará esclarecido: o caráter universal da missão dos apóstolos será explícito. Cristo enviará os apóstolos "a todo o mundo",[14] "a todas as nações",[15] "até os confins da terra".[16]

E essa missão continua. Continua sempre o mandato do Senhor de congregar os povos na unidade de seu amor. Essa é nossa esperança e esse é também nosso mandato: *contribuir a essa universalidade*, a essa verdadeira unidade na riqueza das culturas, *em comunhão com nosso verdadeiro Senhor, Jesus Cristo.*

Assim começa nossa história. Num dia concreto. Um dia Jesus encontrou-se com eles. Um dia decidiram segui-lo como discípulos, e

---

[14] Marcos 16,15.

[15] Mateus 28,19; Lucas 24,47.

[16] Atos 1,8.

um dia Jesus chamou-os de um modo solene, de um monte. Estes são os fatos externos de sua vocação, mas, na realidade, remonta-se à eternidade. Deus, em sua infinita sabedoria, chamou cada um por seu nome para ser apóstolos de Jesus Cristo desde sempre. Paulo, que foi chamado mais tarde pelo mesmo Cristo ressuscitado, chega à última raiz da vocação ao declarar: "Bendito seja o Deus e Pai de nosso Senhor Jesus Cristo, que nos abençoou com toda bênção espiritual nos céus, em Cristo. Nele, Deus nos escolheu, antes da fundação do mundo, para sermos santos e íntegros diante dele, no amor".[17]

Segundo se sabe, eram várias dúzias de homens que, de modo mais ou menos fixo, interessavam-se pela doutrina de Jesus e o acompanhavam em algum dos deslocamentos. Só mais tarde, o grupo fixou-se definitivamente em doze.[18]

E Jesus envolve de solenidade o momento. Passa toda a noite, antes da seleção definitiva, em oração, como nas grandes vésperas. Jesus está escolhendo suas doze testemunhas, as doze colunas de seu Reino, e tem que dialogar longamente com o Pai, antes de dar o grande passo.

---

[17] Efésios 1,3-4.

[18] DESCALZO, José Luis Martín. *Vida y misterio de Jesús de Nazaret (I).* Salamanca, 1986. p. 267ss.

Finalmente o faz e os três sinópticos transmitem cuidadosamente o momento e as listas. Encabeçando as três, aparece Pedro, cuja primazia os evangelistas nunca põem em dúvida: seu nome é mencionado 195 vezes, e os de todos os outros, juntos, chegam só a 130. João, segundo o número de citações, alcança só 29.

Atrás de Simão Pedro, vêm – com leves variações de ordem – André, Tiago, João, Filipe, Bartolomeu ou Natanael, Tomé, Mateus, o outro Tiago, filho de Alfeu, *Judas Tadeu* e Simão Cananeu. O nome de Judas Iscariotes conclui as listas nos três sinópticos e os três recordam que, já no momento da escolha, foi ele quem entregou Jesus com o gesto da traição.

7. Pedro contou a Marcos

Judas Tadeu ainda não tinha muito claro qual seria o futuro de sua vida ao lado do primo e Mestre Jesus. Os acontecimentos e as palavras do Senhor iriam configurando o estilo de vida e os critérios de seus apóstolos e discípulos, com certeza muito distintos dos que Judas e seus companheiros haviam forjado.

Há um episódio evangélico muito característico, protagonizado pelos irmãos Tiago e João. Foi uma atitude somente deles ou, no fundo, Tadeu e os outros nove aspiravam a ser importantes? Recordemos a cena e a lição de Jesus, que certamente ficou bem gravada no coração de seu primo Judas Tadeu.

Jesus sabia que subir a Jerusalém significava aproximar-se à morte. Os judeus e fariseus já pensavam em matá-lo, porque não lhes convinha a doutrina que estava pregando e também porque os adeptos que se uniam a Ele multiplicavam-se cada vez mais. Por isso, seus discípulos tinham medo. Não obstante, o Evangelho nos diz que Jesus ia diante deles. Isso é o mais importante e o motivo pelo qual os apóstolos, até o momento, venciam o medo. Não os abandona, nem os deixa à deriva, mas o próprio Cristo vai à frente deles, como um capitão que está à frente de seu esquadrão para iniciar o combate. Assim narra o evangelista São Marcos, que ouviu dos lábios de Pedro, um dos protagonistas:

> Estavam a caminho, subindo para Jerusalém. Jesus ia à frente, e eles, assombrados, seguiam com medo. Jesus, outra vez, chamou os doze de lado e começou a dizer-lhes o que estava para acontecer com ele: "Estamos subindo para Jerusalém, e o Filho do Homem será entregue aos sumos sacerdotes e aos escribas. Eles o condenarão à morte e o entregarão aos pagãos. Vão zombar dele, cuspir nele, açoitá-lo e matá-lo, mas três dias depois, ele ressuscitará". Tiago e João, filhos de Zebedeu, aproximaram-se de Jesus e lhe disseram: "Mestre, queremos que faças por nós o que te vamos pedir". Ele perguntou: "Que quereis que eu vos faça?" Responderam: "Permite que nos sentemos, na tua glória, um à tua direita e o outro à tua esquerda!" Jesus lhes disse: "Não sabeis o que estais pedindo. Podeis beber o cálice que eu vou beber? Ou ser batizados com o batismo com que eu vou ser batizado?" Responderam: "Podemos". Jesus então lhes disse: "Sim, do cálice que eu vou beber, bebereis, com o batismo com que eu vou ser batizado, sereis batizados. Mas o sentar-se à minha direita ou à minha esquerda não depende de mim; é para aqueles para quem foi preparado". Quando os outros dez ouviram isso, começaram a ficar zangados com Tiago e João. Jesus então os chamou e disse: "Sabeis que os que são considerados chefes das nações as dominam, e os seus grandes fazem sentir seu poder. Entre vós não deve ser assim. Quem

quiser ser o maior entre vós seja aquele que vos serve, e quem quiser ser o primeiro entre vós seja o escravo de todos. Pois o Filho do Homem não veio para ser servido, mas para servir e dar a vida em resgate por muitos".[1]

Certamente, os outros dez ficaram menos impressionados com a corajosa fidelidade dos dois filhos de Zebedeu do que com sua ambição. Servir não é impressionar o outro, mas amá-lo. Os apóstolos, a caminho de Jerusalém, ainda não sabiam escutar. Assim é o coração do homem sem a graça. Almeja postos importantes. Não entende que todo posto é somente em função do serviço, segundo a vontade de Deus; por isso, convém ir corrigindo a orientação natural de nosso coração, para fazê-lo mais disponível e atento às necessidades das pessoas que convivem conosco. A cena desta perícope é uma amostra da condição humana: o desejo de ser os primeiros, a ambição do poder, os ciúmes, as invejas, a competitividade etc.

Nem os dois que se aproximam, nem nenhum dos outros dez estavam a salvo da ambição. Também eles queriam ser os "ministros" desse novo Reino que Jesus anunciava. Tão longe estavam de entender o autêntico significado de sua mensagem! Talvez este seja um dos aspectos menos compreendidos do cristianismo, porque servir exige algo de humilhação,

[1] Marcos 10,32-45.

desapego, entrega e sacrifício. É mais cômodo sentar-se para ver como os outros trabalham, contudo, isso não tem nenhum mérito. Jesus dá exemplo do que significa servir. Não obstante, a partir daquele momento até o fim, não conseguirão entender o que Ele deseja-lhes ensinar. Até o último dia, quando no Cenáculo deixam de imaginar para entender que o próprio Deus, Dono e Senhor de tudo, coloca-se ao mesmo nível de uma de suas criaturas para lavar-lhes os pés. Trata-se do episódio da Última Ceia, que lemos no Evangelho de São João. E isso porque o trabalho de lavar os pés estava reservado somente aos escravos. Cristo não se importa de passar por escravo, contanto que os seus entendam finalmente ser mais importante servir do que ser servido.

Santo Agostinho escreveria em suas *Confissões* (Livro 10): "[Senhor] Servo fiel é aquele que não espera ouvir de ti o que desejaria ouvir, mas antes deseja aquilo que ouve de ti".

Judas Tadeu queria confiar plenamente em Jesus e desejar o que Jesus desejava. Mas isso era tão difícil!

8. O verdadeiro programa do Evangelho: São Judas diante do grande desafio

Judas Tadeu era um bom israelita. Por família e por própria convicção, aceitava a Lei e os Profetas como vontade de Deus expressa nos livros sagrados de Israel. Todavia, chegou um momento em que as sentenças firmes e seguras do Mestre, seu primo carnal Jesus de Nazaré, pareciam superar as exigências dos livros sagrados e da tradição judaica. Foi quando Jesus proclamou o conhecido "Sermão da Montanha", com as bem-aventuranças e a revisão que faz dos preceitos legais da Lei, acrescentando aqueles "Mas eu vos digo". Tudo aquilo fez abalar a fidelidade ao Mestre daqueles que ainda não admitiam Jesus como o Messias enviado por Deus. Era preciso muita fé no Mestre para aceitar a nova doutrina. Diante de Judas Tadeu e dos outros Onze, apresentou-se com toda sua força o grande desafio, o desafio entre a fidelidade à Lei que guardaram desde crianças e aquela nova doutrina: o verdadeiro programa do Evangelho.

O *Santuário das Bem-Aventuranças* está situado numa suave, verde e tranquila colina, junto ao Mar da Galileia. As Bem-Aventuranças são um programa desconcertante. Sua atualidade continua permanente na exaltação dos valores que o mundo despreza. Nosso Senhor Jesus Cristo prega a pobreza, a um mundo que busca a riqueza; a mansidão, a um mundo que pratica a violência; a justiça, a um mundo que ama o poder; a pureza de coração, a um mundo que adora o prazer.

Jesus quer um "homem novo", regido por valores distintos aos do mundo que comete injustiças em nome da justiça; que prega a liberdade e a nega aos que não pensam igual a ele; que denuncia nos outros o que tolera a si mesmo; que fala de "servir" e se aproveita de tudo para si mesmo; que despedaça o verdadeiro amor fragmentando-o em mil pedaços... Diante desse quadro, Cristo é a Verdade diante da mentira, a Virtude diante do egoísmo. Quer a virtude nos corações e a retidão na sociedade. Afirma que não basta o exterior. Ele quer a submissão do entendimento à verdade de sua mensagem, e da vontade a suas normas morais. A mudança que provoca em todos aqueles que o escutam, começando por seus próprios discípulos, é absoluta.

Mas, antes de seguir, retrocedamos nos séculos.

Egéria, a peregrina espanhola

Conta a peregrina Egéria,[1] no século IV, que o lugar de onde foram pronunciadas as

[1] Egéria foi uma viajante e escritora galega do século IV. Embora seus dados biográficos sejam poucos, supõe-se que era originária

Bem-Aventuranças encontrava-se a uns 60 metros da igreja da multiplicação dos pães e dos peixes, no caminho de Cafarnaum, na localidade de Tabgha: "No monte que está ali perto há uma fenda; subindo por ela, o Senhor pronunciou as Bem-Aventuranças". O lugar sofreu escavações em 1935, pela custódia franciscana, certificando o que foi dito por Egéria: encontraram um pequeno mosteiro e uma igreja bizantina do século IV.

A igreja atual, construída em 1938 pela Associação Italiana para as Missões, foi projetada por Antonio Barluzzi,[2] cerca de dois qui-

---

da província romano-hispana da Galécia, inclusive algum autor apresentou a possibilidade de que pudesse pertencer à comarca de El Bierzo. Em seus escritos revela-se como uma mulher de profunda religiosidade, mas também – como a própria Egéria diz – de ilimitada curiosidade. Sabe-se que visitou os Lugares Santos numa longa viagem, entre 381 e 384, escrevendo suas impressões em seu *Itinerarium ad Loca Sancta*, livro de grande difusão por narrar de forma minuciosa e, sobretudo, animada a viagem. Atravessou o sul da Gália (hoje França), o norte da Itália e cruzou de navio o mar Adriático. Sabe-se que chegou a Constantinopla em 381. De lá partiu a Jerusalém e visitou Jericó, Nazaré e Cafarnaum. Partiu de Jerusalém para o Egito em 382; visitou Alexandria, Tebas, o mar Vermelho e o Sinai. Logo visitou Antioquia, Edesa, Mesopotâmia, o rio Eufrates e a Síria, de onde regressou via Constantinopla. Não existem dados sobre data, lugar e circunstâncias de sua morte.

[2] Barluzzi nasceu numa família de arquitetos de diferentes gerações que trabalhavam para a Santa Sé. Depois de graduar-se, em 1912, acompanha seu irmão Julio a Jerusalém, para projetar um hospital italiano. Depois de passar a Primeira Guerra Mundial em sua pátria, ambos os irmãos regressam em 1917 a Jerusalém. Pouco depois, recebe a petição de construir uma basílica no Monte Tabor: foi o começo de uma série de projetos de construção e reformas

lômetros acima do lugar tradicional do Sermão da Montanha, procurando um panorama mais amplo do lago. O próprio arquiteto comenta: "As Bem-Aventuranças sugeriram a planta octogonal. O octógono, coberto por uma cúpula, encontra-se rodeado por uma galeria de arcos abertos em direção ao centro do altar. Por sua vez, a galeria está rodeada por uma soleira que torna mais tênues a luz e o calor solar. É o melhor refúgio para o peregrino que, daqui, desfruta ao máximo da contemplação de panorama tão singular".

Quando o peregrino que vai à Terra Santa chega a esse lugar maravilhoso, não deve ter dúvidas em pensar que, a qualquer momento, pode pisar ali mesmo onde Cristo pisou; mas, sobretudo, deve reler esse precioso, único e exigente capítulo no mesmo lugar onde Cristo pronunciou pela primeira vez cada uma das palavras das *Bem-Aventuranças*.[3]

---

que o fez permanecer na Terra Santa até 1958, quando, por causa de um ataque cardíaco, voltou à Itália. Construiu a Basílica das Nações (ou da Agonia) em Getsêmani, Jerusalém (1920); restaurou uma das capelas do Calvário no Santo Sepulcro; edificou a *igreja das Bem-Aventuranças* (1938) no mar da Galileia; a igreja da Visitação, em Ain Karem (1939); a igreja da Ressurreição de Lázaro, em Betânia (1952-1953); a Capela dos Anjos no Campo dos Pastores, a 3 quilômetros de Belém (1953). Em 1954, restaurou o Santuário de Betfagé. Construiu, finalmente, em 1955, a preciosa igreja do *Dominus Flevit*, no Monte das Oliveiras, em Jerusalém. Por tudo isso, ficou conhecido como "o arquiteto franciscano da Palestina".

[3] Mateus 5,3-10 e Lucas 6,20-23.

Nos Evangelhos, encontramos duas versões das Bem-Aventuranças. Para São Mateus, as Bem-Aventuranças são oito, às quais acrescenta uma fórmula de conclusão a todas elas. Estão, além do mais, redigidas em terceira pessoa. As de São Lucas são apresentadas em segunda pessoa, dirigidas diretamente aos ouvintes, e são somente quatro, mas estão acompanhadas de outras quatro maldições paralelas. Sobre essas diferenças foram escritos centenas de volumes, sem que os exegetas chegassem a um acordo. Sobre isso, bastaria dizer que não há oposição entre umas e outras formulações, que, aliás, se completam e aclaram.

Em São Lucas, as Bem-Aventuranças são mais agressivas, pressionam, empurram. Em São Mateus, aparecem suavizadas, deslizam até o fundo do coração e da mente. Em São Lucas, adotam um tom realista, quase material. Em São Mateus, têm um viés mais idealista. Provavelmente as formulações de São Lucas sejam mais primitivas e recolham melhor o tom semita de Cristo. As de São Mateus parecem influenciadas pelo desejo posterior de evitar confusões. Talvez o verdadeiro esclarecimento esteja na diversidade de destinatários. São Lucas escreve para pagãos ou cristãos recém-chegados do paganismo, enquanto são Mateus escreve para um ambiente judeu.

Uma tradição artística não muito afortunada nos acostumou a imaginar os ouvintes desse Sermão da Montanha contemplando

Jesus, emocionados e felizes, escutando a "delícia" de suas palavras, com a mais completa e fácil adesão. Contudo, é evidente que não foi assim. Os sentimentos de quem o escutava devem ter sido muito mais complexos. Os próprios apóstolos deviam estar desconcertados. Escreve José Luis Martín Descalzo: "Se algo podia definir seus sentimentos era, com certeza, a palavra vertigem. Pela primeira vez aproximavam-se a toda a profundidade e a altura da alma de Jesus".[4] Para Judas Tadeu e seus onze companheiros, aquelas palavras resultaram desconcertantes num primeiro momento, mas a autoridade, que Tadeu reconhecia e aceitava plenamente, se sobrepôs porque, para seguir Cristo, ele havia deixado tudo.

As Bem-Aventuranças nos mostram a fisionomia espiritual de Jesus e assim manifestam seu mistério, o mistério de morte e ressurreição, de paixão e alegria da ressurreição. Contudo, na realidade, o discurso resulta impressionante. Ali estavam os discípulos. Pedro, Tiago, André... olhavam-se admirados. Judas Tadeu, Mateus, João... os outros; e no meio deles, Jesus diz: "Bem-aventurados os pobres de espírito, os que choram, os mansos, os que têm fome e sede de justiça, os misericordiosos, os puros de coração, os que promovem a paz, os perseguidos por causa da justiça" (cf. Mt 5,3-

---

[4] DESCALZO, José Luis Martín. *Vida y misterio de Jesús de Nazaret (II)*. Salamanca, 1997, p. 293.

10). Na verdade, o bem-aventurado por excelência é somente ele, Jesus. Ele é o verdadeiro pobre de espírito, o que chora, o manso, o que tem fome e sede de justiça, o misericordioso, o puro de coração, o promotor de paz; ele é o perseguido por causa da justiça.

E ecoaram no firmamento

Sua palavra, firme e pregada para a conversão de todos os que o escutavam, foi pronunciada. Deus, que havia acampado no meio de nós, a Palavra feita carne, estava desejando pronunciar essa palavra. Ecoou de seus lábios divinos para ser proclamada nesse lugar do mundo, privilegiado por sua presença e pela pregação da Boa-Nova: a Montanha das Bem-Aventuranças. Os discípulos escutavam absortos, sem entender.

> E ele começou a ensinar:
>
> Felizes os que choram, porque serão consolados.
>
> Felizes os mansos, porque receberão a terra em herança.
>
> Felizes os que têm fome e sede da justiça, porque serão saciados.
>
> Felizes os misericordiosos, porque alcançarão misericórdia.
>
> Felizes os puros de coração, porque verão a Deus.
>
> Felizes os que promovem a paz, porque serão chamados filhos de Deus.

Felizes os que são perseguidos por causa da justiça, porque deles é o Reino dos Céus.

Felizes sois vós, quando vos injuriarem e perseguirem e, mentindo, disserem todo mal contra vós por causa de mim. Alegrai-vos e exultai, porque é grande a vossa recompensa nos céus. Pois foi deste modo que perseguiram os profetas que vieram antes de vós.[5]

Assinou sua sentença de morte

Dois montes servem de referência como primeiro e segundo ato de um drama em dois atos: o *Monte das Bem-Aventuranças* e o *Monte Calvário*. Quem subiu ao primeiro para pregar as Bem-Aventuranças deve necessariamente subir ao segundo para pôr em prática o que havia pregado.

As pessoas pouco reflexivas costumam dizer que o Sermão da Montanha constitui a essência do cristianismo. Mas alguém tente praticar essas Bem-Aventuranças em sua própria vida e verá como atrairá a ira do mundo. O Sermão da Montanha não pode ser separado da crucificação, da mesma maneira que o dia não pode ser separado da noite. *O dia em que Nosso Senhor ensinou as Bem-Aventuranças assinou sua própria sentença de morte*. O som dos pregos e dos martelos penetrando através da carne humana era o eco que descia pela ladeira da montanha onde havia ensinado

[5] Mateus 5,2-12.

aos homens o caminho da felicidade ou bem-aventurança. Todo mundo quer ser feliz, mas o caminho que Ele ensinava era o totalmente oposto aos caminhos do mundo.

Tadeu, dando uma cotovelada no mais próximo, transmitia o pensamento que corria pela mente de todos: "Esse é um caminho para criar inimigos, para fazer com que o povo se torne um adversário. É desafiar o espírito do mundo".

Qualquer um que desafiar as máximas do mundo – tais como "só se vive uma vez", "é preciso aproveitar ao máximo a vida", "quem sabe?", "para que serve o corpo, se não for para o prazer" –, está destinado a ser impopular.

Nas Bem-Aventuranças, nosso Divino Senhor pega as oito palavras do mundo que são tantas vezes reivindicadas: "segurança", "vingança", "riso", "popularidade", "compensação", "sexo", "poder armado" e "comodidade" – e as transtorna completamente. Aos que dizem: "Você só pode ser feliz se for rico", ele diz: "Bem-aventurados os pobres no espírito". Aos que dizem: "Não deem chance ao adversário", ele lhes diz: "Bem-aventurados os mansos". Aos que dizem: "Sorri e o mundo sorrirá com você". Ele diz: "Bem-aventurados os que choram". Aos que dizem: "Se a natureza lhe deu instintos sexuais, deve segui-los, caso contrário, será um frustrado", ele diz: "Bem-aventurados os puros de coração". Aos que dizem: "Procure ser popular e conhecido", ele lhes diz: "Bem-aventurados sois vós, quando vos injuriarem e perseguirem e, mentindo, disserem todo mal contra vós por causa de mim". Aos que dizem: "Em tempos de paz, prepare-se para a guerra", ele lhes diz: "Bem-aventurados os que promovem a paz".[6]

Contra a ordem estabelecida

A chave para entender o Sermão da Montanha é a maneira como Nosso Senhor usa duas expressões ao longo de todo o discurso. Uma delas é: "Ouvistes o que foi dito"; a outra era a palavra, breve e enfática: "Ora, eu vos

---

[6] SHEEN, John Fulton. *Vida de Cristo.* Barcelona: Herder. 1968. cap. 3, pp. 119-126. Sheen nasceu em Illinois (EUA), em 8 de maio de 1895. Esse humilde e queridíssimo arcebispo dedicou grande parte de sua vida e de seu entusiasmo a difundir a doutrina católica através da mídia. Durante muito tempo, teve seu próprio programa de televisão *Life is Worth Living* (Vale a pena viver a vida), que era assistido por milhões de pessoas de todo o mundo, no qual esclarecia dúvidas e defendia energicamente, com claridade e firmeza, a fé cristã. Recebia centenas de cartas por dia e dedicava horas inteiras a respondê-las, com uma vontade incansável, com o convencimento de que aquele apostolado frutificaria antes ou depois. Entre os muitos fatos curiosos de sua vida, conta-se que em 13 de outubro de 1979, durante a visita de João Paulo II a Nova York, estando na catedral de São Patrício, o papa se aproximou de dom Sheen e lhe disse quase ao ouvido: "Tens escrito e falado bem de nosso Senhor Jesus Cristo. És um filho leal da Igreja!". Alguns quiseram ver nestas palavras uma despedida carinhosa. O certo é que Sheen, que na época já estava com 84 anos, morreu três meses depois, em 9 de dezembro. Escreveu 96 livros e centenas de artigos e colunas. Foi bispo auxiliar do cardeal Spellman, em Nova York (1951) e titular da diocese de Rochester (1966). Sua causa de canonização foi aberta em 2002.

digo". Quando diz "ouvistes o que foi dito", faz com que seus discípulos e os demais ouvintes recordem o que os ouvidos humanos tinham escutado fazia séculos e ainda estão ouvindo dos lábios dos reformadores éticos... Todas aquelas regras, códigos e preceitos são um meio-termo entre o instinto e a razão, entre os costumes locais e os mais elevados ideais.

Diz: "Não vim para abolir". Diz: "Vim para dar plenitude à Lei". De que se tratava? Quem podia entender esse discurso esquisito?

"Ouvistes o que foi dito: Não cometerás adultério." Moisés tinha dito; as tribos pagãs o sugeriam; os primitivos o respeitavam. Agora vinha o terrível e espantoso "ora": "ora, eu vos digo..." "todo aquele que olhar para uma mulher com o desejo de possuí-la, já cometeu adultério com ela em seu coração". Nosso Senhor penetrava até o fundo da alma, apoderava-se do pensamento e definia como pecado *inclusive o desejo de pecar.* Se era um mal fazer determinada coisa, era também mal desejar essa mesma coisa. É como se dissesse: "Fora com vossa higiene, que trata de conservar as mãos limpas depois de ter roubado, e os corpos livres de doença depois de ter violado uma mulher". *Penetrava no fundo dos corações e marcava como com fogo a intenção de pecar.* Não esperava que a árvore má desse frutos maus. Queria evitar, inclusive, que a semente má chegasse a ser semeada.

Cristo afirmou que, quando um homem se casava com uma mulher, se casava tanto com o corpo como com a alma dela; se casava com toda a pessoa. Caso se cansasse do corpo, não podia separar-se dele para pegar outro, já que ainda continuava sendo responsável por aquela alma. Assim, clamava: "Ouvistes o que foi dito". Nesta expressão, condensava o jargão de todas as civilizações decadentes. "Ouvistes o que foi dito: divorciai-vos; Deus não espera que vivais sem felicidade". Mas a seguir vinha o consabido "ora": "*Ora,* eu vos digo: todo aquele que despedir sua mulher [...] faz com que ela se torne adúltera; e quem se casa com a mulher que foi despedida comete adultério".[7]

O que importa que o corpo tenha-se perdido? A alma ainda está ali, e a alma vale mais que todas as sensações que o corpo possa procurar; vale ainda mais que todo o universo. Ele queria manter os homens e as mulheres puros; não puros do contágio, mas do desejo recíproco entre eles; imaginar uma traição já é, em si mesmo, uma traição.

Logo após, afirma que os pecados – o egoísmo, a cobiça, o adultério, o homicídio, o roubo, o suborno, a corrupção política –, tudo isso procede do próprio homem. O pecado é levado à alma pelo corpo, e o corpo é impulsionado pela vontade. Em guerra contra todas

[7] Mateus 5,32.

as falsas expressões do eu, pregava suas duras recomendações: "Corta-o", "arranque-o", "lance-o fora".

"Se teu olho direito te leve à queda, arranca-o e joga para longe de ti! De fato, é melhor perderes um de teus membros do que todo o corpo ser lançado ao inferno. Se a tua mão direita te leva à queda, corta-a e joga-a para longe de ti! De fato, é melhor perderes um de teus membros do que todo o corpo ir para o inferno".[8] Os homens estão dispostos a cortar os pés e os braços para salvar o corpo de gangrena ou envenenamento. No entanto, aqui Nosso Senhor estava vertendo a circuncisão da carne à circuncisão do coração.

E tem mais. Muitas vezes se fala de vingança, ódio, violência, em expressões como "procure se vingar", "persiga-o", "não seja bobo". Jesus conhecia todas essas coisas e a elas estava se referindo ao dizer: "Ouvistes o que foi dito: Olho por olho e dente por dente". Agora vem o temível "Ora": "Ora, eu vos digo: não ofereçais resistência ao malvado. Pelo contrário, se alguém te bater na face direita, oferece-lhe também a esquerda! Se alguém quiser abrir-lhe um processo para tomar a tua túnica, dai-lhe também o manto! Se alguém te forçar a acompanhá-lo por um quilômetro, caminha dois com ele".[9]

---

[8] Mateus 5,29ss.

[9] Mateus 5,38-41.

Por que oferecer a outra face? Porque o ódio multiplica-se da mesma forma que uma semente. Se uma pessoa pregar o ódio e a violência a dez homens em fila, e diz ao primeiro deles que bata no segundo, e ao segundo que golpeie o terceiro, o ódio envolverá os dez. A única maneira de deter o ódio é alguém na fila, digamos o quinto homem, oferecer sua face. É então quando o ódio acaba. O ódio não pode continuar avançando. Absorvamos a violência por causa do Salvador, que absorverá o pecado e morrerá por ele. *A lei cristã é que o inocente sofra pelo culpado.*

Dessa maneira, Jesus Cristo quer que trabalhemos com os adversários. Porque, quando não se oferece resistência, o adversário é vencido por um poder moral superior. Tal amor evita a infecção da ferida produzida pelo ódio. Aguentar, nunca devolver ódio por ódio à pessoa que declara ser infiel ou diz de você a pior mentira de todas...

Essa é toda a doutrina revolucionária que Cristo veio ensinar; coisas que não se adaptavam ao seu tempo, e muito menos no nosso. Adaptam-se somente aos heróis, aos grandes homens, aos santos, aos homens e mulheres santos que querem ser o sal da terra, o fermento na massa, a minoria selecionada no meio da plebe, a qualidade que transformará o mundo. Se certas pessoas não são amáveis, outra põe parte de seu amor nelas e, então, tornam-se amáveis. Haveria alguém amável, se Deus não pusesse seu amor em cada um de nós?

O Sermão da Montanha está tão discrepante com tudo o que o mundo aprecia, que o mundo crucificará todo aquele que tentar viver à altura dos valores desse sermão. Por tê-lo proferido, Cristo teve de morrer. O Calvário foi o preço que teve de pagar pelo Sermão da Montanha. Somente os medianos sobrevivem. Aqueles que chamam o negro de negro e o branco de branco são sentenciados intolerantes. Só os cinzas podem viver.

É claro: as Bem-Aventuranças não podem ser tomadas isoladamente; não são ideais, são fatos duros e realidades inseparáveis da cruz do Calvário. O que Jesus ensinava era a crucificação de si mesmo: *amar os que nos odeiam; decepar os próprios braços e arrancar os olhos para evitar cair na tentação do pecado; ser puros em nosso interior quando no exterior clamam as paixões pedindo que as satisfaçamos; vencer o mal com o bem; bendizer aos que nos maldizem; deixar de tagarelar pedindo a paz até que não tenhamos a justiça, a verdade e o amor de Deus em nossos corações como a condição necessária para a liberdade; viver no mundo e, no entanto, nos manter sem mancha dentro dele; negar a nós mesmos, às vezes, alguns prazeres lícitos com o objetivo de crucificar melhor nosso egoísmo...* Tudo isso significa sentenciar à morte o homem velho que levamos dentro de nós.

Judas Tadeu e todos aqueles que ouviam Cristo pregar as Bem-Aventuranças estavam sendo convidados a se estender sobre uma cruz para encontrar a felicidade num nível mais elevado, morrendo a uma ordem inferior; a desprezar tudo o que o mundo tem por sacrossanto e a venerar como sacrossanto o que o mundo considera uma utopia. Entre todos aqueles, parece que Tadeu e os outros apóstolos começavam a entender... Judas Tadeu e os outros dez (excluindo, assim, o Iscariotes) chegariam a dar a vida por aquelas palavras, duras até cravar-se no coração, mas pronunciadas por Aquele que tanto os queria, que os havia escolhido e estaria com eles todos os dias de sua vida.

9. "Senhor, dize uma só palavra"

Diante da dificuldade de assimilar as palavras de Jesus evocadas no capítulo anterior, vem em auxílio de Judas Tadeu e de seus onze companheiros um esplêndido milagre, que reafirma a autoridade e o poder sobrenatural do Mestre.

No museu madrileno do Prado, conserva-se uma obra espetacular do italiano Paolo Veronese (1528-1588). Intitula-se *Jesus e o Centurião* (1571) e nela podem ser apreciadas as qualidades estilísticas da fase de maturidade do pintor, como são o senso cenográfico, os fundos arquitetônicos, a suntuosidade da cor e a fluência técnica. A cena representa o encontro e o pedido do centurião romano ao Senhor:

> "Senhor, o meu criado está de cama, lá em casa, paralisado e sofrendo demais." Ele respondeu: "Vou curá-lo". O centurião disse: "Senhor, eu não sou digno de que entres em minha casa. Dize uma só palavra e o meu criado ficará curado. [...] Então, Jesus disse ao centurião: "Vai! Conforme acreditaste te seja feito" (Mt 8,5-13).

Veronese, para descrever esse momento, utiliza uma linguagem típica do mundo teatral, que pode ser apreciada tanto nos gestos como nas atitudes dos personagens; estes últimos formam dois grupos compactos: o que acompanha Jesus à esquerda e, à direita, o do centurião, que se prostra diante dos pés de Cristo para fazer seu pedido. A arquitetura da cena cria uma rica ambientação, muito relacionada com o mundo veneziano, onde Veronese habitava. A área que compreende a cena está diluída pela luz; o mesmo acontece com as figuras do fundo, o que contribui para acentuar a sensação de profundidade. A suntuosidade característica da pintura do italiano pode ser vista nas ricas vestimentas, adornos e armas dos personagens.

Trata-se de um invasor. Assim se considerava, na Judeia da época, um soldado romano. No entanto, nosso protagonista, embora fosse um centurião, era um homem "excepcional"; possivelmente tinha conquistado a confiança dos habitantes de Cafarnaum, por sua retidão e justiça. Surpreende a compenetração que surge espontânea entre Jesus e o militar. Jesus fala-lhe com o respeito devido a uma "autoridade", e também com a paciência e atenção com que tratava todas as pessoas. A atitude do soldado não é menos significativa. Sabe que um judeu não poderia entrar na casa de um pagão, pois ficaria impuro. Diante da necessidade de pedir um favor, não vacila em evitar que Jesus passe por tal situação embaraçosa... Não queria que, por sua causa, o Mestre fosse tachado de frequentar "pagãos e pecadores". Pensa em Jesus e formula sua petição com uma fé que supera todas as distâncias e faz com que o poder de Deus alcance a cura de seu criado!

O centurião é um homem acostumado à dureza de um exército vencedor. Responsável por uma unidade, a centúria, que em ação era um grupo de homens adestrados não precisamente para salvaguardar a paz, como é possível que surja dele uma convicção tão forte sobre Jesus? "Senhor, eu não sou digno de que entreis em minha morada, mas dizei uma só palavra...".

Não deixa de surpreender como o centurião se aproximou a Jesus, sua fé espontânea e firme e a forma tão singela como se expressa. Parece não pedir a Jesus nada de extraordinário. Aliás, a única coisa que pede é uma palavra. Sim, só uma palavra de vida, de cura para seu criado.

No quadro de Veronese, que mencionamos antes, atrás das colunas que aparecem à direita da pintura, surge uma cabeça, provavelmente um retrato do próprio artista. Gosto de pensar que nosso Judas Tadeu é o personagem que se assoma, muito embora os discípulos apareçam junto do Nazareno, e que assiste maravilhado a esse novo episódio de sua vida com Jesus. Por dentro, talvez repetisse as mesmas palavras: "Senhor, eu também não sou digno".

Contudo, mesmo sendo indigno, seguirá seu primo e Mestre, cuja figura crescia à medida que suas palavras iam sendo confirmadas com os "sinais" de sua divindade, ou seja, os milagres.

10. Judas Tadeu aprende a rezar: o Pai-Nosso

Tadeu era um bom judeu e havia aprendido, no seio da família, a falar com Javé, especialmente através dos Salmos. Todavia, seu primo Jesus o escolhera para ser mensageiro de um novo estilo de vida, que não estaria contra as suas tradições familiares, mas que as levaria a sua plenitude. Ia ser testemunha privilegiada de como se poderia chamar Pai, Papai, ao Senhor Javé.

O Monte das Oliveiras[1] levanta-se no vale da torrente do Cédron, precisamente ao leste

---

[1] O Monte das Oliveiras é considerado um dos lugares mais sagrados da Terra Santa. Lá estão localizadas a Basílica de Getsêmani, a gruta do Pai-Nosso e a igreja do *Dominus Flevit.* O Monte das Oliveiras toma seu nome das oliveiras que povoam suas ladeiras. Em sua parte lateral, estão os jardins de Getsêmani, onde Jesus se hospedou em Jerusalém, segundo a tradição. O Monte das Oliveiras é o palco de muitos eventos bíblicos importantes. Os soldados romanos da Décima Legião acamparam nesse monte durante o cerco a Jerusalém, no ano 70 d.C., que levou à destruição da cidade.
No livro de Zacarias, o Monte das Oliveiras aparece identificado com o lugar a partir do qual Deus começará a redimir os mortos no final dos tempos. Por essa razão, os judeus sempre tentaram ser enterrados na montanha. E desde os tempos bíblicos até hoje, o monte tem sido usado como cemitério para os judeus de Jerusalém. Existem aproximadamente 150 mil túmulos, incluindo o do profeta Zacarias.

da cidade antiga. Verde e fértil, seu cume oferece uma vista magnífica de toda Jerusalém e, na outra direção, do deserto da Judeia, do vale do Jordão e das montanhas de Moab. O monte está carregado de significado bíblico: é mencionado, no Antigo Testamento, como o lugar onde Davi chorou a morte de seu filho rebelde, Absalão,[2] e também está associado, sobretudo, aos últimos dias da vida de nosso Senhor Jesus Cristo.[3]

De acordo com uma antiga tradição, *foi ali onde Jesus ensinou a oração do Pai-Nosso a seus discípulos*. Na vertente do Monte das Oliveiras, existe atualmente uma basílica que não se destaca exatamente por sua beleza, mas comove o coração do visitante. Muitas gerações passaram por ela. Milhões de crentes ali abriram seus lábios em oração.[4]

A lembrança de *tal ensinamento* perdurou por longo tempo, já que, quando Helena, a mãe

---

[2] 2 Samuel 15,30.

[3] Jesus passava, às vezes, a noite ali (Jo 8,1; Lc 21,37), provavelmente no horto referido por João 18,1. Tradições posteriores falam em concreto de uma gruta. João 18,2 e Lucas 22,39 dirão que Jesus tinha o costume de "retirar-se ao monte". Sentado no monte, em sua vertente ocidental, contemplando o panorama do Templo (Mt 24,2), Jesus exprimiu muitas de seus ensinamentos apocalíptico-escatológicos.

[4] DESCALZO, José Luis Martín. *Vida e mistério de Jesus de Nazaré (II)*, p. 312-335. (Salamanca, 1986). No capítulo 9, o grande sacerdote e jornalista Martín Descalzo nos apresenta uma formosa meditação sobre o Pai-Nosso.

de Constantino, chegou à Terra Santa, ainda se falava nele e a imperatriz mandou construir uma basílica que chamou de *Eleona* e foi destruída pelos persas em 614. O culto continuou na cripta, que com o tempo chegou a ser o cemitério dos bispos de Jerusalém.

Em 1929, teve início a construção de uma igreja em homenagem ao Sagrado Coração, mas não foi concluída. Também o peregrino ali encontra o Mosteiro das Madres Carmelitas do *Pater Noster*, fundado em 1875, após o encontro de Aurelia de Bossi (princesa de Tour d'Auvergne) com a madre Javiera do Coração de Jesus.[5]

---

[5] A *Madre Javiera do Sagrado Coração* era professa do Carmelo de Lisieux, passou nove anos no Carmelo vietnamita de Saigón (a atual Ho Chi Minh). Depois daqueles anos, quando se dispôs a regressar à França, seu espírito missionário, e certamente também o Espírito Santo, inspiraram-na a visitar a Terra Santa. Dirigiu-se a Jerusalém e entrou em contato com a princesa de Tour d'Auvergne, que havia empregado todos seus bens em revitalizar a Gruta e a igreja do *Pater Noster*, e tinha levantado um claustro para um mosteiro, já que procurava uma comunidade religiosa a quem confiar tudo. A princesa e a carmelita entenderam-se rapidamente. Madre Javiera visitou o lugar que lhe pareceu ideal para um Carmelo. "Que magnífico panorama! Por um lado, via-se toda a cidade de Jerusalém e, por outro, o Mar Morto, o caminho a Betânia e a Betfagé. Mais perto, à direita, o lugar da Ascensão. À esquerda, a gruta dos ensinamentos, conhecida também como a gruta do Pai-Nosso. Aos pés da montanha, a gruta da Agonia, o jardim de Getsêmani, a torrente do Cedron, a fonte de Siloé. Seria muito consolador para nós poder construir aqui um Carmelo". Madre Javiera regressou à França com o propósito de reunir as cofundadoras. O mosteiro francês de Carpentras ofereceu o primeiro grupo de carmelitas.

Ao longo das paredes exteriores do mosteiro e dos pátios interiores foram erguidas lápides em cerâmica, com a oração do Pai-Nosso em mais de 130 idiomas.

"Ensina-nos a rezar"

Portanto, quando os apóstolos se dirigiram a Jesus, no Monte das Oliveiras, com estas palavras, não fizeram uma pergunta qualquer, e sim manifestaram com confiança espontânea uma das necessidades mais profundas do coração humano. Ele respondeu pronunciando as palavras da oração do *Pai-Nosso*, criando assim um modelo concreto e ao mesmo tempo universal.

De fato, tudo o que se pode e se deve dizer ao Pai está compreendido nas sete petições que todos sabemos de cor. Existe nelas uma simplicidade tal que até uma criança as aprende e, ao mesmo tempo, uma profundidade que se pode consumir uma vida inteira em meditar o sentido de cada uma delas. Acaso não é assim? Elas não nos falam, uma após a outra, do que é essencial para nossa existência dirigida totalmente a Deus, ao Pai? Não nos fala do pão de cada dia, do perdão de nossas ofensas, como também nós perdoamos e, ao mesmo tempo, de nos preservar da tentação e nos livrar do mal?

Quando Cristo, respondendo à pergunta dos discípulos "ensina-nos a rezar", pronuncia as palavras de sua oração, ensina não só as palavras, como também que, em nosso colóquio com o Pai, devemos ter uma sinceridade total e uma abertura plena. A oração deve abraçar tudo o que faz parte de nossa vida, não pode ser algo suplementar ou secundário. Tudo deve encontrar nela sua própria voz. Também tudo o que nos oprime e que nos envergonha, o que – por sua natureza – nos separa de Deus. Sobretudo isso. A oração é a que sempre – primeira e essencialmente – derruba a barreira que o pecado e o mal podem ter levantado entre nós e Deus.

Quando os discípulos viam Jesus em oração, diziam entre eles: "Como ora!". E achavam estranho que ainda não lhes ensinasse a orar, como havia feito o Batista com os seus. Quando terminou, eles se queixaram e Jesus satisfez o pedido, ensinando-lhes o Pai-Nosso.

> Vós, portanto, orai assim:
>
> Pai nosso que estás nos céus, santificado seja o teu nome; venha o teu Reino; seja feita a tua vontade, como no céu, assim também na terra. O pão nosso de cada dia dá-nos hoje. Perdoa as nossas dívidas, assim como nós perdoamos aos que nos devem. E não nos introduzas em tentação, mas livra-nos do Maligno.
>
> De fato, se vós perdoardes aos outros as suas faltas, vosso Pai que está nos céus também vos perdoará. Mas, se vós não perdoardes aos outros, vosso Pai também não perdoará as vossas faltas.[6]

---

[6] Mateus 6,7-15 e Lucas 11,1-4. São Mateus coloca a oração dominical no Sermão da Montanha, mas os exegetas afirmam que é fácil reconhecer ali um acréscimo na estrutura primitiva do discurso.

Com que atenção Judas Tadeu e os demais escutavam

Tadeu e seus companheiros haviam escutado, arrebatados, aquelas palavras que só o Filho de Deus podia pronunciar.

Para Judas Tadeu, aquela maneira de falar com Deus era nova. Estava assombrado do que seu primo Jesus sabia e ensinava. E seu coração absorvia aquelas palavras que logo aprenderia de cor e recitaria como o melhor de todos os Salmos e orações da tradição hebraica.

Não há, na linguagem humana, nenhuma palavra em que se condense toda a Boa-Nova que Cristo trouxe à terra, como na palavra que o homem dirige a seu Deus, chamando-o "Pai". Deus, nosso Pai, e nós seus filhos.[7] As palavras de Jesus encerram uma novidade radical, que desconcerta seus contemporâneos. Para falar com Deus, Jesus utiliza o termo aramaico *Abá*, usado pelas crianças pequenas para chamar o seu pai. Com esta forma de comunicar-se, Jesus revela um rosto desconhecido de Deus. O Deus distante, que está nos céus, faz-se próximo e companheiro, na figura do Pai bondoso

---

[7] Cristo repete muitíssimas vezes a palavra *Pai*, tanto em seus sermões aos judeus e apóstolos como em suas orações: no Evangelho de São Mateus, aparece 44 vezes; em São João, cerca de 115 vezes. Disso se deduz quanto essa palavra impressionou profundamente os apóstolos e como ficou gravada em sua memória.

que espera, acompanha, protege e procura o bem-estar de seus filhos. Jesus recorre à linguagem comum do povo para falar de Deus. O hebreu estava reservado ao culto e o aramaico era falado pelo povo. Dessa maneira, ensinou aos seus que não encontramos Deus à margem da vida, e sim no meio dela, a nosso lado, como um Pai que sofre e desvela-se por seus filhos.

Jesus, que ama Deus, Papai, convida os apóstolos a repetir com ele suas palavras. Ser filhos e poder chamar Deus de Papai é uma responsabilidade muito séria. O rosto dos apóstolos está marcado pela perplexidade e uns olhavam para os outros.

A admiração dura até nossos dias, quando, em cada missa, o sacerdote repete as palavras antes da comunhão: "... e formados por seu divino ensinamento, ousamos dizer...". Ao ensinar o Pai-Nosso, Jesus convida a participar de sua filiação, mostra-nos que Deus é um Pai bondoso e que para segui-lo é preciso fazer-se criança e aprender a dizer *Abá*.

Colocando-se no meio deles, prosseguiu cada petição, talvez a tornando explícita para seu breve entendimento.

Que estais no céu: nisso, se contrapõe à terra, no oposto à matéria, no Espírito, portanto, e naquela parte mínima mas eterna do reino espiritual que é nossa alma.[8]

---

[8] PAPINI, Giovanni. *História de Cristo.* 3. ed. Madri: Edibesa, 2007. p. 157ss. e 122ss.

Santificado seja o vosso nome: não devemos adorar-te unicamente com as palavras, mas ser dignos de ti, nos aproximar de ti com um amor cada vez mais forte. Porque tu já não és o Vingador, o senhor das Batalhas, e sim o Pai que ensina a bem-aventurança da paz.

Venha a nós o vosso Reino: o Reino dos Céus, o Reino do Espírito e do Amor, o do Evangelho.

Seja feita a vossa vontade, assim na terra como no Céu: tua lei de bondade e de perfeição domine no espírito e na matéria, em todo o universo visível e invisível.

O pão nosso de cada dia nos dai hoje: porque a matéria de nosso corpo tem, todos os dias, necessidade de alimento para manter-se. Não te pedimos riquezas, que costumam ser um autêntico estorvo, mas tão somente o que nos permita viver para ser mais dignos da vida prometida. Não só de pão vive o homem, mas sem esse pedaço de pão a alma, que vive no corpo, não poderá se nutrir das demais coisas mais preciosas que o pão.

Perdoai as nossas ofensas, assim como nós perdoamos a quem nos tem ofendido: perdoa-nos, pois nós perdoamos aos demais. Tu és nosso eterno e infinito credor: nunca poderemos pagar-te. Este é o argumento que têm de oferecer ao Pai: "Que te mova à piedade saber que a nós, por culpa de nossos pecados, nos custa mais perdoar uma só dívida a nossos devedores, que a Ti cancelar tudo o que devemos". E repitam sem cessar, uma e outra vez: "Perdoa-nos, perdoa-nos!".

Antes de terminar, respira profundamente. Se até agora o Mestre recitava cada uma das formosas frases que comporiam a oração mais bela de todas as criadas, pois nos foi dada pelo mesmo Deus, agora fixa seu olhar nos olhos de cada um de seus apóstolos. A oração termina quase bruscamente, ao contrário de tantas outras orações de seu tempo, e lhes recorda como estarão expostos às insídias do Mal/Maligno.

A partir desse dia, propõe que, ao se dirigirem ao Pai com seu espírito e invocando seu Reino, possam gritar com a força da fé: *Não nos deixeis cair em tentação, mas livrai-nos do Mal, do Maligno!*

Fez-se um profundo silêncio... parecia que respiravam o mesmo Deus.

Contudo, o final fora estremecedor: o domínio e o influxo de Satanás e dos outros espíritos malignos estendem-se ao *mundo inteiro*. Depois pensarão na parábola sobre o campo (que é o mundo), sobre a boa semente e sobre a má semente que o diabo semeia em meio do trigo, tratando de arrancar dos corações o bem que foi "semeado" neles.[9] Pensarão nas

---

[9] Mateus 13,38-39.

numerosas exortações à vigilância,[10] à oração e ao jejum.[11] Pensarão nesta forte afirmação do Senhor: "Essa espécie (de demônios) só pode ser expulsa pela oração".[12] A lição era angustiante: a ação de Satanás consiste, antes de mais nada, em *tentar os homens para o mal*, influenciando sobre sua imaginação e sobre as faculdades superiores para poder situá-los em direção contrária à lei de Deus. Satanás *põe à prova até mesmo Jesus*,[13] na tentativa extrema de contrastar as exigências da economia da salvação tal como Deus a havia preordenado.

Eles próprios haviam podido comprovar que, em seu afã de prejudicar e conduzir ao mal, Satanás chega a uma extrema manifestação de superioridade. Iam sucumbir a uma presença que se faz mais forte à medida que o homem se afasta de Deus. O influxo do espírito maligno pode "ocultar-se" de forma mais profunda e eficaz: trata-se de um conflito entre as forças obscuras do mal e as da redenção. O Satanás ia crivá-los. O Messias avisa-lhes e hoje põe em seus lábios a chave para vencer o Demônio: a oração.[14]

---

[10] Mateus 26,41; 1 Pedro 5,8.

[11] Mateus 17,21.

[12] Marcos 9,29.

[13] Lucas 4,3-13.

[14] JOÃO PAULO II. *Audiência Geral de 13 de agosto de 1986.*

Aquele dia, Judas Tadeu e seus onze companheiros voltaram a lembrar do momento em que todos se reuniam com o Mestre, cheios de glória pelos frutos recolhidos em suas primeiras tarefas missionárias. Então, Jesus lhes havia dito: "Eu via Satanás cair do céu como um relâmpago".[15] O Senhor lhes faz saber que o anúncio do Reino de Deus é sempre uma vitória sobre o diabo, mas, ao mesmo tempo, revela que a edificação do Reino está continuamente exposta às insídias do espírito do mal.

Afasta-nos do Mal! Livra-nos do Maligno!

[15] Lucas 10,18.

11. "Eu durmo, mas meu coração vigia"

Ensinamentos, milagres e provações! A pedagogia de Jesus chegou, em alguma ocasião, a desconcertar seu primo Tadeu. Porém, só momentaneamente. Jesus havia dado suficientes provas de autoridade em seus ensinamentos, de poder em seus milagres e de amor. Disso, Judas Tadeu estava convencido. Por isso, propôs-se a não desistir quando chegasse algum momento em que o Mestre os colocasse à prova, em suas andanças pelas margens do Mar de Tiberíades e sobre suas águas.

As águas do Mar de Tiberíades presenciaram muitas jornadas da vida de Jesus. Em suas margens, ele realizou múltiplas curas;[1] sobre suas águas caminhou;[2] no meio de uma tempestade, ordenou ao vento e ao mar "e fez-se uma grande calma".[3] Em seu Evangelho, São Lucas fala da pesca milagrosa realizada por Jesus nesse mar, para chamar Pedro, Tiago e João ao ministério apostólico. Eles que eram pescadores em Tiberíades e que aqui,

---

1 Mateus 15,19-20.

2 Mateus 14,25-33.

3 Mateus 8,26.

junto a ele, passaram boa parte de sua vida.[4] Perto do lago, houve um dos diálogos mais transcendentais para a vida da Igreja, em que Jesus confirma a Pedro e seus sucessores o primado sobre a Igreja.[5] Precisamente junto a esse mar, há uma pequena igreja que recorda tal passagem evangélica e que um dia de janeiro de 1964 foi visitada com incontida emoção pelo papa Paulo VI. A ela chegariam também os passos do ancião papa João Paulo II, em sua peregrinação à Terra Santa no mês de março de 2000.

O *Mar de Tiberíades* é também conhecido com os nomes de *Mar da Galileia*,[6] *Lago de Genesaré*[7] e, no Antigo Testamento, como *Mar de Quinéret*.[8]

Localiza-se na depressão do Jordão, a 220 metros abaixo do nível do Mediterrâneo. É um óvalo irregular de quase 21 km de longitude e sua largura máxima, próxima do lado norte, é de aproximadamente 12 km. O lago está cercado ao leste e oeste por montanhas; as primeiras, formam uma parede uniforme de 600 metros de altura que desce em degraus até uns 2,5 km da margem; as outras, menos

4 Lucas 5,4-11.

5 João 21,15-17.

6 Mateus 4,18; Marcos 1,16; João 6,1.

7 Lucas 5,1 e em diferentes escritos rabínicos.

8 Números 34,11; Josué 13,27.

elevadas e mais irregulares, aproximam-se da água gradualmente desde o norte até que, a meio caminho da costa, deixam somente uma estreita faixa de litoral. No lado noroeste, as montanhas inclinam-se um pouco para o oeste, e o litoral se alarga em uma planície triangular, de uma extraordinária fertilidade, que se estende para o leste uns 6 km, conhecida como a Planície de Genesaré. Verdadeiramente, quando o peregrino é conduzido ao centro do lago, parece que está no mar. A sensação é impressionante.

Ao leste, a terra é estéril e acidentada, coberta de arbustos e revestida de pedra vulcânica. O lago alimenta-se de várias torrentes e caudalosos mananciais quentes, para o norte e o oeste, mas principalmente pelo Jordão, que entra pela margem nordeste e sai pela extremidade sul-ocidental. A profundidade do lago não excede 50 metros. Sua água é doce e boa para beber. Os peixes são tão abundantes que não é raro pescar 300 quilos. Em uma estação excepcional (no distante 1896) foram arrastadas mais de 4 toneladas de peixe à terra, numa grande rede. *As tormentas são frequentemente repentinas.* A atmosfera quente da depressão (a média à sombra é de 30 graus no verão e de 13 graus no inverno) suga o ar fresco das alturas através de estreitos do leste e do oeste na ribeira norte e, *em menos de meia hora, a superfície do lago agita-se furiosamente.* Basta meia hora mais para que, de novo, o lago volte à calma, parecendo um espelho.

Nos tempos de Jesus, a natureza e o homem uniram-se para dar a essas margens uma atração singular. A videira e a figueira floresciam dez meses por ano e cada variedade de fruta amadurecia em várias estações: bosques espessos rodeavam o lago, até o século VIII de nossa era, e as planícies rendiam ricas colheitas duas vezes por ano. Nove ou talvez dez cidades abraçavam o lago com uma orla quase contínua de embarcadouros e portos. As ruínas de teatros, hipódromos, templos, sinagogas, termas e vilas testemunham a presença de todos os refinamentos da cultura greco-romana. A pesca era uma indústria importante para a população local[9] e os pescadores, embora piedosos, segundo a opinião dos rabinos, eram um força a ser considerada nos tempos difíceis. O peixe era exportado a todas as regiões do

[9] *Betsaida*, cujo nome significa "a casa do pescador", é uma das aldeias mais frequentemente mencionadas no Novo Testamento, tendo nascido ali pelo menos três (Pedro, André e Filipe) dos doze apóstolos. É também o lugar onde Jesus realizou vários de seus milagres mais importantes. Contudo, ao contrário de outras cidades muito conhecidas na antiguidade, Betsaida foi localizada pelos arqueólogos somente em 1987.
Outra localidade, a famosa *Magdala*, situada na costa noroeste do Mar da Galileia, era uma grande cidade nos tempos de sua cidadã mais famosa, Maria Madalena. Segundo os antigos, tinha bairros de pescadores e tintureiros e contava com nada menos que 80 lojas de lã fina. Seu nome grego, *Tarichae*, significa "peixe em escabeche" ou "fábrica de salga", o que indica que foi também um centro importante dessa indústria, além de contar com estaleiros. Alguns eruditos a identificam com a Dalmanuta de São Marcos (Mc 8,10), aonde Jesus retirou-se depois da multiplicação dos pães e dos peixes.

mundo romano. Os habitantes das cidades (não esqueçamos que as menores tinham pelo menos 15 mil) aumentavam principalmente por causa das multidões de enfermos que, principalmente no verão, visitavam os famosos mananciais próximos a Tiberíades.[10]

Assim, foi nas margens desse formoso lago, ou sobre o barco[11] sobre suas águas, que

---

[10] Informação elaborada por Jeremiah HARTIGAN para a *Catholic Encyclopedia* (Enciclopédia Católica). Essa famosa enciclopédia começou como projeto em 1903, tem 15 volumes e mais de 12 mil artigos, e continua sendo a mais extensa e completa do catolicismo. Apesar dos anos transcorridos, a maioria de seus artigos continua mantendo grande atualidade e proporcionando informação vital para a cultura e a formação do católico comum. Diferencia-se de qualquer outra enciclopédia na medida em que omite artigos ou verbetes que não estejam relacionados com a vida da Igreja.

[11] Assim com está narrado no Evangelho, a Galileia foi o cenário do Sermão da Montanha, do milagre dos pães e dos peixes e do caminhar de Jesus sobre as águas, mas pouca gente sabe que atualmente se conserva ali um barco do século I que, segundo a tradição, pode ter sido utilizado pelo próprio Jesus. Conhecido como o "barco de Jesus", data do século I e foi descoberto às margens do Mar da Galileia. "Não podemos saber se Jesus usou esse barco ou não, mas provavelmente o viu, pois este é um lago pequeno e não havia muitos barcos" naquela época, explicou a senhora Banai, porta-voz do museu que guarda a embarcação. Sua descoberta data de 1986, após uma terrível seca. "Trata-se de um autêntico milagre, porque as embarcações de madeira não sobrevivem em água doce tantos séculos; é o barco mais antigo encontrado nestas circunstâncias." Durante 14 anos, recebeu uma limpeza minuciosa. De 8,2 metros de comprimento por 2,3 metros de largura e 1,2 de altura, está composta de 12 tipos de madeira (principalmente de cedro e carvalho): é um modelo típico das antigas construções de carapaça mediterrâneas, utilizada tanto para o transporte de pessoas (com capacidade de até 15 passageiros) como para a pesca.

nosso Senhor Jesus Cristo escolheu para falar sobre o Reino dos céus,[12] dar instruções a seus discípulos[13] e explicar-lhes as parábolas[14] do semeador, do joio, do grão de mostarda, do fermento, do tesouro escondido, da rede de pesca ou do comerciante de pérolas.

"Senhor, salva-nos!"

Esta é a cena. Aconteceu numa tarde de uma jornada de intenso trabalho. Jesus, cansado de pregar, sobe a um barco e convida os apóstolos a passar à outra margem.[15] Entardecia e o céu estava sereno e límpido. Com os remos, os apóstolos vão batendo na água com ritmo sossegado, e o barco desliza sobre o mar silenciosamente... Rendido pela fadiga, Jesus dorme na proa. De repente, a brisa levanta-se... as nuvens se amontoam... O vento é mais forte, começa a soprar com violência e uma tempestade inunda tudo! O barco range, as ondas o sacodem. Os apóstolos, sem descanso, retiram a água. Presos pelo pânico, tentam, com seus gritos, despertar Jesus: "Mestre, não te importa que naufraguemos?".

Judas Tadeu, em frações de segundos, começou a lembrar-se do que tinha acontecido

---

[12] Lucas 5,1-4.

[13] Mateus 8,15.

[14] Mateus 13,1ss.

[15] Marcos 4,35.

havia somente uns meses. Era noite, também como hoje se navegava no meio de uma furiosa borrasca. Os pescadores conhecem de sobra o que acontece, mas ninguém se acostuma ao medo. Às três da madrugada, veem como Cristo se aproxima, caminhando sobre as ondas do mar agitado.

"Mateus estava a meu lado, mais tarde nos recordará[16] como Jesus, depois de ter saciado a multidão, nos obrigou a subir no barco e a ir antes dele à outra margem, enquanto se despedia do povo. Depois da despedida, subiu ao monte, sozinho, para orar; no entardecer estava só naquele lugar."

O barco encontrava-se já muitos estádios distante da terra, agitado pelas ondas, pois o vento era contrário. E na quarta vigília da noite, Jesus veio até eles, caminhando sobre o mar. Vendo-o caminhar sobre as águas, cheios de medo, alguns não paravam de gritar: "É um fantasma!". Todavia, a inconfundível voz de Jesus ecoou no meio da noite: "Coragem! Sou eu. Não tenhais medo". Então sucedeu algo incrível. Pedro gritou: "Senhor, se és tu, manda-me ir ao teu encontro, caminhando sobre as águas". E o Mestre então disse: "Vem!".

Foram momentos de autêntica angústia. Pedro, decidido, desceu do barco e começou a andar sobre a água, aproximando-se de Jesus;

---

16 Mateus 14,22-36.

mas, ao sentir a força do vento, começou a ter medo e foi afundando. Então gritou: "Senhor, salva-me!". A seguir, Jesus estendeu a mão, segurando-o e lhe disse: "Homem de pouca fé, por que duvidaste?".

Logo, quase sem nos darmos conta, subiram no barco e o vento acalmou-se. Os mais intrépidos recompuseram-se, enquanto diziam: "Verdadeiramente tu és o Filho de Deus!", e todos o repetimos a uma só voz.

No entanto, agora, uma vez mais o barco opunha-se tenazmente às ondas alvoroçadas, e, no entanto, sentia que a força da onda podia virá-lo... E o Mestre parecia não ouvir a pergunta angustiante que quase em coro lançávamos sobre ele: "Mestre, não te importas que naufraguemos?". "Homens fracos na fé!" Esta é a palavra que o Senhor pronuncia, quando ao seu redor rompe-se a tormenta. Homem de pouca fé! E talvez pensasse: "Estes são meus apóstolos? A estes vou enviar para converter o mundo? Este Pedro irá a Roma, este Tiago à Espanha, este André à Trácia, este Tadeu à Pérsia? São estes os que terão de enfrentar as garras das feras?".

Pois bem, para que não se esqueça o que significa Deus conosco, Jesus levanta-se e dirige-se à proa do barco agitado pelas ondas. O mar, alvoroçado, acalma-se, quando soa a voz do Mestre... segundos depois o espelho lustroso do mar brilha com admirável sossego.

Essa passagem evangélica revela uma característica nova da fisionomia do Senhor: Cristo está de pé, com uma majestade subjugadora, no meio do furacão; ordena às ondas sobressaltadas, e o mar – como um cachorro depois do castigo – dobra-se silenciosamente aos pés de Jesus Cristo.

Então, após aquele gesto majestoso, aqueles do barco, maravilhados, diziam: "Quem é este, que até os ventos e o mar lhe obedecem?".

Quem é este Cristo sublime, majestoso? Xerxes,[17] fora de si, em um acesso de cólera impotente e ridículo, fez com que dessem chicotadas no mar, mas este seguia formando espuma com o mesmo furor de antes. E Cristo? Cristo faz um leve sinal e a tempestade rebelde acalma-se, submissa.[18]

---

[17] A flagelação ou fustigação do Helesponto é um fato que se narra no âmbito das Guerras Médicas, durante a segunda expedição de *Xerxes I da Pérsia* contra a Grécia. Segundo se conta, o rei persa infligiu uma flagelação a uma parte do mar dos Dardanelos, réu – segundo ele – de haver cometido uma injustiça e ofensa pessoal. O motivo teria sido a destruição da ponte de barcos que Xerxes havia realizado no estreito, com o fim de permitir a passagem de seu exército. A violência do mar, exatamente quando os trabalhos estavam quase concluídos, destruindo a ponte, provocou o ridículo castigo.

[18] Tihamer TÓTH (Szolnok, 1889 – Veszprém, 1931) desde muito jovem sentiu simultaneamente as vocações religiosa e literária, que acabaria unindo numa produção ensaística. Em 1911, foi ordenado sacerdote e, na Primeira Guerra Mundial, designado capelão do exército austro-húngaro. Em 1924, foi professor da Universidade

Oh, tu, Cristo de vigorosa mão!

Oh, tu, Cristo que comandas as forças da natureza!

Oh, tu, Cristo que dominas as ondas desatadas, o mar espumante com uma superioridade de força inacreditável!

Oh, meu Jesus! Quantas vezes necessitarei recordar essa expressão tua, esse teu gesto, esse teu poder, quando no mar agitado da vida escapar dos meus lábios o grito de angústia: Senhor, salva-me, que estou afundando!

Judas Tadeu não deixava de repetir em voz baixa: "Eu durmo, eu durmo... mas meu coração vigia".[19] Está no Talmude, no quarto canto do Cântico dos Cânticos... É isso... Ele dormia, ele dorme... mas seu coração vigia. Ele sempre está conosco. É a confiança!

---

de Pazmany e, em 1931, diretor do seminário de Budapeste. Nomeado bispo de Veszprém em 1931, poucos meses depois adoeceu de encefalite e faleceu. Com sua obra literária, tratou de conquistar, para sua causa espiritual, uma boa parte da juventude indecisa e desorientada que via em torno a si, tanto no seminário como nas aulas universitárias. Muitas dessas publicações atingiram seu objetivo e foram traduzidas a numerosas línguas. Esta bela descrição de Cristo pertence ao seu livro *Para jovens*, p. 780 (Madri, 1940).

[19] Cântico dos Cânticos 5,2.

12. Um milagre definitivo, antes da grande prova: "Lázaro, vem para fora!"

Iam passando os meses e os anos, e estreitando-se o círculo dos apóstolos em torno de Jesus. Judas Tadeu, cuja fidelidade a seu primo e Mestre, Jesus, estava afirmando-se, sentia o coração inquieto quando Ele aludia a um suposto final humanamente desastroso para si mesmo. Sim, confiava plenamente no Mestre. No entanto, o que seria dele e de seus onze companheiros, se fossem cumpridas as predições de Jesus? Era preciso uma prova definitiva para que não ficasse nenhuma dúvida em sua alma da suprema autoridade de Jesus sobre a vida e a morte. E a prova chegou.

Os especialistas situam cronologicamente a passagem da ressurreição de Lázaro nos últimos dias do mês de fevereiro ou nos primeiros dias de março do ano 30. Em todo caso, foi não muitas semanas antes da morte de Cristo. Betânia não será mais que uma parada no caminho para a Cidade Santa, onde tudo havia de cumprir-se; encontra-se a uns quinze estádios (menos de 3 quilômetros) de Jerusalém.

Nenhum outro milagre foi narrado de modo tão completo, com todas suas particularidades, sejam elas principais ou acessórias. A narração é de uma beleza e de um frescor incomparáveis: em nenhuma outra os evangelistas mostraram tão profundo conhecimento da arte da composição, visível até nos mínimos detalhes. Em particular, os personagens estão admiravelmente desenhados: Jesus aparece tão divino, tão humano e tão amoroso; o apóstolo Tomé, com suas palavras sombrias, mas esforçadas; Marta e Maria, com os finíssimos matizes de seus distintos temperamentos; os judeus, muitos dos quais não se enterneceram nem mesmo diante das lágrimas do Salvador, nem da maior parte dos presentes. Lázaro é o único que fica na escuridão. A transparente veracidade do relato em nada cede a sua beleza. Muitos pormenores minuciosos, que ninguém teria podido inventar, demonstram que o narrador é uma testemunha ocular, digno de fé, que conta o que viu com seus próprios olhos e ouviu com seus ouvidos. Cada passo e cada movimento do Filho de Deus, suas palavras, seu estremecimento, sua emoção e lágrimas, tudo o que há de mais íntimo, ficou indelével no coração do escritor sagrado que nos transmitiu o fato com escrupulosa fidelidade.[1]

---

[1] José Luis MARTÍN DESCALZO, no terceiro livro de sua *Vida y misterio de Jesus de Nazaret,* p. 61 (Salamanca, 1986), recolhe esta magnífica citação do francês Louis Claude Fillion. Ver: FILLION. *Nuestro Senhor Jesucristo según los Evangelios.* 2. ed. Madrid: Edibesa, 2004.

O desconcerto dos Doze

Depois que os mensageiros enviados por Marta e Maria anunciam a Jesus que Lázaro está doente, para a grande surpresa dos apóstolos, o Mestre decide não ir imediatamente.[2] Logo, dois dias depois, será o mesmo Jesus que lhes anunciará que Lázaro acaba de morrer. O sinal de sua ressurreição resultará assim muito mais glorioso, já que a morte, depois de quatro dias, não poderá se confundir com um simples sonho, e os céticos serão incapazes de pôr o fato em dúvida. No entanto, os apóstolos resistem à decisão do Mestre de voltar à Judeia, onde os judeus o esperam para apedrejá-lo. Tudo era tremendamente obscuro e o medo não permite que os Doze possam refletir. Não sabiam o porquê nem para que o Mestre não tinha ido socorrer o seu amigo imediatamente e o fazia agora, quando já estava morto. O apóstolo Tomé, que, em seu caráter, une uma estranha mistura de pessimismo e audácia, responde com vivacidade e com uma última palavra perante o grupo: "Vamos nós também para morrermos com ele!". Jesus olhou-o satisfeito por sua resposta cheia de amor, mesmo sabendo que Tomé não conseguia entender o significado de suas próprias palavras. E partiu para Jerusalém.

---

[2] O texto completo encontramos no evangelista São João, no capítulo 11,1-44.

"Senhor, se tivesses estado aqui..."

Estas palavras foram pronunciadas primeiro por Marta e logo por Maria, as duas irmãs de Lázaro,[3] dirigindo uma confiante queixa a seu amigo Jesus: "Senhor, se tivesses estado aqui, meu irmão não teria morrido".

Nestas palavras ressoa a voz do coração humano, a voz de um coração que ama e que dá testemunho do que é a morte. Sabemos que a morte é um fenômeno comum incessante; é um fenômeno universal e um fato normal. A universalidade e a normalidade do fato confirmam a realidade da morte, o inevitável da morte, mas, ao mesmo tempo, apagam, de certo modo, a verdade sobre a morte, sua penetrante eloquência. Aqui não basta a linguagem das estatísticas. É preciso a voz do coração humano: a voz de uma irmã, a voz de

---

[3] Segundo a tradição ocidental, após a morte de Cristo, *Lázaro, Marta e Maria* fugiram da Palestina, junto com a serva Marcela, Maximino, Celidoni, José de Arimatea e outros discípulos de Cristo. Chegaram navegando às costas de Provença e desembarcaram em Marselha. *Lázaro tornou-se o primeiro bispo de Marselha*, enquanto Marta, com Marcela, foi para Tarascon, onde se narra que domou uma terrível fera. Maria fez-se eremita. Os túmulos de Maria Madalena (na abadia de Vézelay), de Marta em Tarascon e de Lázaro (em Marselha e, depois, na catedral de Autun) se transformaram em lugares importantes de peregrinação durante toda a Idade Média. Além disso, na abadia da Trindade de Vendôme, ficavam expostos filactérios com uma lágrima que Cristo havia derramado no túmulo de Lázaro. Essa tradição se manteve por muitos séculos.

uma pessoa que ama. A realidade da morte pode expressar-se em toda a sua verdade só com a linguagem do amor.

Realmente, o amor resiste à morte e deseja a vida.

Cada uma das duas irmãs de Lázaro não diz "meu irmão morreu", mas: "Senhor, se tivesses estado aqui, meu irmão não teria morrido".

A verdade sobre a morte só se pode expressar a partir de uma perspectiva de vida, de um desejo de vida, isto é, desde a permanência na comunhão amorosa de uma pessoa. A morte do amigo também se fez sentir em seu coração com um eco particular. Quando chegou a Betânia, quando ouviu o pranto das irmãs e de outras pessoas amigas do defunto, Jesus "chorou", e com essa disposição interior, perguntou: "Onde o pusestes?".

Que pensaria Judas Tadeu e o resto dos apóstolos que acompanhavam de perto tudo o que estava acontecendo? No momento de usar seu poder divino, as lágrimas silenciosas de Jesus[4] mostram a todos o que é um homem, tocado pela dor e capaz de experimentar afeto, compaixão e repugnância diante da morte. Os antigos acreditavam que a alma dos mortos permanecia três dias perto do corpo, tentando voltar a entrar nele, e que se afastava

---

4 João 11,33-35.

justamente no quarto dia, quando começava a decomposição. Marta horroriza-se ao imaginar o espetáculo que os presentes vão contemplar e os alerta dizendo: "Senhor, já cheira mal, já é o quarto dia". É curioso como alguns autores que representam a cena (por exemplo, no século XV, o ilustrador do famoso *Breviário Fransciscano*) não têm nenhum escrúpulo em mostrar, com a atitude dos presentes que estão tapando o nariz, a pestilência que se respira na câmara mortuária.

Como a maioria dos judeus daquela época, Marta crê na ressurreição que acontecerá antes do Juízo Final. No entanto, até mesmo para aqueles que têm uma fé firme e madura em Deus, no momento em que desaparece um familiar ou um amigo muito estimado, custa-lhes um grande trabalho achar consolo imediato naquela esperança. Parece-nos sentir a emoção que agita aquela triste mulher ao afirmar sua convicção.[5] Contudo, apesar da dor, responde à pergunta de Jesus com uma afirmação em que se manifesta sua fé sem reservas: "Sim, Senhor, creio que tu és o Cristo, o Filho de Deus, que havia de vir ao mundo".

Jesus de Nazaré é, ao mesmo tempo, o Cristo. Aquele a que o Pai enviou ao mundo: *é a eterna testemunha do amor do Pai*. É o definitivo porta-voz desse amor diante dos homens.

---

[5] João 11,24.

Nele e por ele se confirma e se cumpre o eterno amor do Pai na história do homem, de modo superabundante. E o amor se opõe à morte e quer a vida. Jesus Cristo veio ao mundo para redimir o pecado do homem; cada um dos pecados arraigados no homem. Por isso, Ele se pôs de frente à realidade da morte; efetivamente, a morte está unida ao pecado na história do homem: é fruto do pecado. Jesus Cristo converte-se no Redentor do homem mediante sua morte em cruz, a qual foi o sacrifício que reparou todo pecado. Na morte, Jesus Cristo confirmou o testemunho do amor do Pai. O amor que resiste à morte e deseja a vida, que se expressou na ressurreição de Cristo, daquele que, para redimir os pecados do mundo, aceitou livremente a morte de cruz.

O que aconteceu em Betânia, junto ao sepulcro de Lázaro, foi como o último anúncio do mistério pascal. Jesus deteve-se junto ao sepulcro de seu amigo Lázaro e disse: “Lázaro, vem para fora”.[6] Com estas palavras cheias de poder, Jesus o ressuscitou à vida e o fez sair do túmulo.

Antes de realizar este milagre, Cristo, “levantando os olhos para o alto”, disse: “Pai, eu te dou graças porque me ouviste! Eu sei que sempre me ouves, mas digo isto por causa da multidão em torno de mim, para que creia que

---

[6] João 11,43.

tu me enviaste". Diante do sepulcro de Lázaro, registrou-se uma particular confrontação da morte com a missão redentora de Cristo. Cristo era a testemunha do eterno amor do Pai, desse Amor que resiste à morte e deseja a vida. Ao ressuscitar Lázaro, deu testemunho desse Amor. Deu testemunho também da potência exclusiva de Deus sobre a vida e a morte. Ao mesmo tempo, diante do túmulo de Lázaro, Cristo foi o Profeta de seu próprio mistério: do mistério pascal, em que a morte redentora sobre a cruz converte-se na fonte da nova Vida na ressurreição.

As consequências da ressurreição de Lázaro podem servir de lição para aqueles que exigem sinais ou milagres como condição para crer: alguns dos judeus, conhecedores do prodígio, empreendem uma ação que dista muito da fé: dirigem-se aos fariseus e lhes comunicam o que aconteceu na casa de Marta e Maria, com a intenção de recolher provas e tomar uma decisão a respeito do profeta que cada dia consegue mais adeptos.

Vemos assim como um mesmo acontecimento milagroso provocou duas reações totalmente opostas: a fé daqueles que já estavam dispostos a crer e o ódio dos que são incapazes de dar o passo que separa a descrença hostil e a aceitação sincera do Filho de Deus.

João usa uma de suas características mais peculiares: um pouco de ironia. As palavras pronunciadas por Caifás[7] transformam-se em algo totalmente inesperado, numa profecia verdadeira, inspirada pelo espírito de Deus: *Jesus morrerá na cruz para salvar todos os homens, e não somente os judeus.*

Judas Tadeu, e outros dez apóstolos – não contamos Judas Iscariotes –, reafirmara naquele dia sua inquebrantável adesão a Jesus, que demonstrou tal poder. Sabia em quem confiava! Não conhecia o que iria acontecer nas semanas seguintes, mas estava plenamente convencido de que, junto ao Mestre, não havia nada a temer.

---

7 João 11,49.

13. A última Páscoa de Judas Tadeu com Jesus

Judas Tadeu conhecia de sobra o que significava a Páscoa para Israel e para o grupo de apóstolos e discípulos que seguiam Jesus. Tinha já uma longa experiência – na vida de sua família e nos dois anos anteriores com Jesus e sua nova "família" – dessa celebração central do ano hebreu. Porém, alguma coisa fazia com que suspeitasse que aquela Páscoa ia ser especialmente importante. O Mestre havia mencionado, em mais de uma ocasião, aquela Páscoa que Ele quis preparar, tanto nos detalhes – que encarregou a dois entre eles – como no coração de todos.

A palavra Páscoa vem do aramaico *pashe*, que significa "passagem". Todos os anos, os judeus celebram essa festa com extraordinária solenidade, para recordar como o Anjo do Senhor passou pelas casas de seus opressores, os egípcios, para libertá-los.

O padre José Julio Martínez[1] recorda, em sua obra *El drama de Jesús*, que isso sucedeu muitos séculos antes de Jesus Cristo. Os filhos

---

1 MARTÍNEZ, José Julio, S. J. *El drama de Jesús*. Bilbao, 1986. cap. 107, p. 336ss.

de Israel foram reduzidos à escravidão pelos faraós do Egito. O homem escolhido por Deus para salvar seu povo, Moisés, havia pedido várias vezes, e sempre em vão, que o faraó os deixasse partir em paz para ocupar a terra que o Senhor prometeu aos israelitas. O tirano quer tê-los a seu serviço. Por fim, Deus mesmo toma a defesa de seu povo, e como não conseguiu suavizar o coração do rei egípcio com as várias pragas que lhe foram enviadas, anuncia a mais terrível de todas: decapitar em uma noite, por ministério de um anjo, todos os primogênitos do reino, desde o príncipe herdeiro até o filho da escrava.

Todavia, o Senhor quer excluir seu povo de sentença tão terrível e, por isso, lhes dá uma ordem categórica através de Moisés:

> Este mês será para vós o começo dos meses, será o primeiro mês do ano. Falai assim a toda a comunidade de Israel: No dia dez deste mês, cada um tome um animal por família – um animal para cada casa. Se a gente da casa for pouca para comer um animal, convidará também o vizinho mais próximo, de acordo com o número de pessoas. Para cada animal deveis calcular o número de pessoas que vão comer. O animal será sem defeito, macho de um ano. Podereis escolher tanto um cordeiro como um cabrito. Devereis guardá-lo até o dia catorze deste mês, quando, ao cair da tarde, toda a comunidade de Israel reunida o imolará. Tomarão um pouco do sangue e untarão as ombreiras da porta das casas onde comerem. Comerão

> a carne nesta mesma noite. Deverão comê-la assada ao fogo, com pães sem fermento e ervas amargas. Não deveis comer dessa carne nada de cru, ou cozido em água, mas assado ao fogo, inteiro, com cabeça, pernas e vísceras. Não deixareis nada para o dia seguinte. O que sobrar, devereis queimá-lo no fogo. Assim devereis comê-lo: com os cintos na cintura, os pés calçados, o cajado na mão; e comereis às pressas, pois é a Páscoa do Senhor. Nessa noite eu passarei pela terra do Egito e matarei todos os primogênitos no país, tanto das pessoas como dos animais. Farei justiça contra todos os deuses do Egito – eu, o Senhor. O sangue servirá de sinal nas casas onde estiverdes. Ao ver o sangue, passarei adiante, e não vos atingirá a praga exterminadora quando eu ferir a terra do Egito. Este dia será para vós uma festa memorável em honra do Senhor, que haveis de celebrar por todas as gerações, como instituição perpétua.[2]

Essa é a origem da Páscoa, a festa mais sagrada e significativa de Israel, profecia viva da imolação do Cordeiro de Deus, que haveria de tirar o pecado do mundo e que, imolado por nosso amor, haveria de ser a nova e verdadeira Páscoa dos cristãos, nossa Páscoa.

A maneira de celebrá-la era uma reprodução familiar daquela última noite que os hebreus passaram no Egito, e uma lembrança dramática daquela redenção de Israel até mesmo em seus menores detalhes.

---

[2] Êxodo 12,2-14.

O cordeiro pascal devia ser macho, ter completado um ano e isento de todo defeito, sobretudo dos defeitos rituais. Entre os dias 10 e 13 do mês o separavam do rebanho e ficava dentro de casa, amarrado à cama. Na tarde de 14 de *nissan*, o imolavam no Templo durante o sacrifício vespertino, entre o clamor de cem trombetas e o canto dos salmos. Procedia-se a isso com muita ordem, na medida do possível, e com uma presteza singular. Tudo era necessário para realizar tal quantidade de imolações. Divididos em três grupos, entravam os israelitas com seus cordeiros um atrás do outro, para proceder por partes. Ao lado dos sacrificadores, estavam os sacerdotes que recolhiam o sangue em vasos que corriam de mão em mão, até o altar onde era derramado. Em certo ano, chegaram a ser 256 mil os cordeiros oferecidos.

Sacrificado o cordeiro e esfolado no templo, era levado à casa. Ali o assavam estendido normalmente em dois paus transversais colocados em forma de cruz.

Nos primeiros tempos comiam o cordeiro pascal de pé. Logo depois, comiam-no sentados, para dar a entender que haviam chegado os tempos da liberdade. E até mesmo os servos e os que, em outras ocasiões, não se sentavam, tinham de se sentar nesse dia para comer o cordeiro.

Durante a ceia, bebiam normalmente nas taças preparadas e entoavam diversos salmos.

Essa ceia era o princípio das festas pascais, que duravam sete dias completos.

A Páscoa de Jesus

Chegou a Páscoa, com seus dias de culto a Javé. Jesus queria celebrá-la com seus amigos muito queridos: quer beber o vinho com eles, antes de abrasar-se de sede na cruz; quer reclinar-se com eles na mesa, antes de ser colocado na pedra do sepulcro.[3] Chamou, pois, dois de seus discípulos, Pedro e João, na manhã da quinta-feira, que era o primeiro dia dos ázimos, e que ia ser a primeira Quinta-Feira Santa, e lhes disse:

> "Ide à cidade. Um homem carregando uma bilha de água virá ao vosso encontro. Segui-o e dizei ao dono da casa em que ele entrar: 'O Mestre manda perguntar: Onde está a sala em que posso comer a ceia pascal com os meus discípulos?' Ele, então, vos mostrará, no andar de cima, uma grande sala, arrumada. Lá fareis os preparativos para nós!" Os discípulos saíram e foram à cidade. Encontraram tudo como ele tinha dito e prepararam a ceia pascal.[4]

---

[3] MARTÍNEZ, *El drama de Jesús*. cit., p. 338.

[4] Marcos 14,12-16. O personagem anônimo que os discípulos devem seguir para chegar à sala onde vão celebrar a Páscoa apresenta características estranhas: "um homem carregando uma bilha de água" (14,13). Numa época em que essa tarefa estava reservada às mulheres, o risco de erro era mínimo. Não esqueçamos que na época em que os Evangelhos foram escritos os cristãos eram suspeitos, e o evangelista evita mencionar o anfitrião de Cristo. Uma

Portanto, entremos na casa onde será celebrada a Ceia Pascal.[5] Trata-se de uma sala ampla e mobiliada. As horas que precedem à paixão e morte de Jesus ficaram gravadas com singular força na memória e no coração daqueles que estiveram com ele. Por isso, nos escritos do Novo Testamento, conservam-se vários detalhes sobre o que Jesus fez e disse em sua Última Ceia.

O lava-pés

No começo, teve lugar um gesto carregado de significado, Jesus lava os pés de seus discípulos, dando assim um exemplo humilde de serviço (cf. Jo 13,1-20). A surpresa de Pedro,

---

tradição constante tem designado a casa de Marcos, e, no século IV, foi erguida uma igreja na colina situada ao sudoeste da cidade alta; venerava-se ali o suposto lugar da última ceia. O mesmo local onde se manifestou o Espírito Santo no dia de Pentecostes.

[5] Para nós, trata-se de um dos Lugares Santos, conhecido como o *Cenáculo*. Aí Cristo apresentou-se após sua ressurreição; aí foi realizada a escolha de Matias para o apostolado e a vinda do Espírito Santo sobre os apóstolos reunidos com Maria; aí se reuniam os primeiros cristãos para a fração do pão; Pedro e João foram aí quando deram testemunho, após a cura do coxo de nascimento, e Pedro após sua libertação do cárcere; talvez aí tenha sido celebrado o Concílio dos Apóstolos. Foi por um tempo a única igreja de Jerusalém, a mãe de todas as igrejas, conhecida como a Igreja dos Apóstolos ou de Sião. Foi visitada no ano 404 por Santa Paula de Roma. No século XI foi destruída pelos sarracenos e, posteriormente, reconstruída e entregue aos agostinianos. Restaurada após uma segunda destruição, ficou sob a responsabilidade dos franciscanos, que foram expulsos em 1561. Atualmente é propriedade da comunidade muçulmana de Jerusalém.

ao ver que o Mestre interrompe a ceia para pôr a roupa de um escravo e desempenhar suas funções, é a mesma que sentem os cristãos de todos os tempos ao ler este episódio. Era normal lavar os pés dos hóspedes nobres, mas esse serviço, que normalmente era realizado antes da refeição, era algo tão humilhante que nem sequer um escravo judeu concordava em fazê-lo.

Papini resume a cena de forma genial: "Unicamente uma mãe ou um escravo teria podido fazer o que Jesus fez aquela noite. A mãe a seus filhos pequenos e a ninguém mais. O escravo a seus donos e a ninguém mais. A mãe, contente, por amor. O escravo, resignado, por obediência. No entanto, os Doze não são nem filhos nem amos de Jesus".[6]

Consequentemente, toda a existência do Senhor encontra-se resumida na cena do lava-pés. Ao vir ao mundo, o Verbo veste o uniforme dos escravos. Esta cena ilustra e simboliza o programa da vida de Nosso Senhor: *resgatar o mundo mediante a entrega absoluta*. Se houve uma revolução no mundo, foi exatamente nesse momento.

Alguma coisa acontece no mundo, realmente, nesse lava-pés. Este Deus lançado aos pés dos homens é um Deus que não conhe-

---

[6] PAPINI, Giovanni. *Historia de Cristo.* 3. ed. Madrid: Edibesa, 2007. p. 265ss.

cíamos. O que este Deus lava são os pés da história, as extremidades do animal caído, que caminha pela poeira pecando, que peca dos pés à cabeça. Este Eterno que se ajoelhou e tem mãos de mãe até mesmo para os pés de Judas, seu traidor, é realmente muito mais do que nunca poderíamos imaginar.[7]

A celebração da Santa Missa

Na própria celebração da ceia, o fato mais surpreendente foi a instituição da Eucaristia. Como não lembrar os gestos e as palavras de Jesus que deram lugar ao Sacramento e que constituem o núcleo do novo rito:[8] "E, tomando o pão, e havendo dado graças, partiu-o, e deu-o a seus discípulos, dizendo: 'Isto é o meu corpo, que é dado por vós; fazei isto em memória de mim'".

São palavras que exprimem a radical novidade do que estava acontecendo nessa ceia de Jesus, que não só entregou pão aos que com ele estavam em torno da mesa, como também uma realidade distinta sob a aparência de pão: "Isto é o meu corpo". E transmitiu aos apóstolos que estavam ali o poder necessário para fazer

---

7 MARTÍN DESCALZO, José Luis. *Vida y misterio de Jesús de Nazaret* (III). Salamanca, 1986. p. 160.

8 Do que aconteceu nesse momento, conservam-se quatro narrações: as três dos sinópticos Mateus 26,26-29; Marcos 14,22-25; Lucas 22,14-20, e a de São Paulo: 1Cor 11, 23-26, muito parecidas entre si.

o que ele fez naquela ocasião: "Fazei isto em memória de mim". No final da ceia, também acontece algo de singular relevância: do mesmo modo tomou o cálice, depois de comer, dizendo: "Este cálice é a nova aliança no meu sangue, que é derramado por vós".

Judas Tadeu e os demais apóstolos compreenderam que, se antes haviam assistido à entrega de seu corpo sob a aparência de pão, agora lhes dava a beber seu sangue num cálice.

Além disso, durante todo esse tempo, Jesus fala com um íntimo afeto, deixando em seus corações suas últimas palavras. Uma longa e delicada conversação, quase um verdadeiro testamento, que Tadeu escutava com a mesma emoção e recordava com o mesmo frescor que João, o apóstolo evangelista que assim nos transmitiu aqueles momentos: "Eu vos dou um novo mandamento: amai-vos uns aos outros. Como eu vos amei, assim também vós deveis amar-vos uns aos outros. Nisto conhecerão todos que sois os meus discípulos: se vos amardes uns aos outros".[9]

A traição de Judas Iscariotes

Em continuação, tem lugar um dos episódios mais dramáticos dessa reunião:[10] Jesus

---

[9] João 13,34-35.

[10] Mateus 26,20-25; Marcos 14,17-21; Lucas 22,21-23; e João 13,21-22.

anuncia que um deles vai traí-lo, e eles ficam olhando uns para os outros com estupor diante do que Jesus está dizendo, e o Mestre, de modo delicado, aponta Judas Iscariotes.

De maneira cínica e hipócrita, ainda pergunta se o traidor é ele. E obedece – porque já está cego – ao dramático mandato: "O que pretendes fazer, faze-o depressa". Foi alertado, exortando-lhe, recordando-lhe sua própria pressa... E o que poderia ser um último "detém-te!", porque a própria vítima o sabia... não é mais que uma música que não ouve em sua tormenta desencadeada... Por isso, muito mais tarde, tão somente saberá oferecer a primeira chicotada, ao dar um falso beijo, na face mais limpa e pura que jamais existiu.

Foge mercador maldito! Ampara-te na noite para cometer a mais alta traição que os séculos presenciarão.

Desde aquele momento, Tadeu será o único apóstolo com o nome de Judas. O outro, o Iscariotes, mancharia com sua traição, para sempre, o nome de Judas, de tão gloriosa tradição bíblica. Porém, Judas Tadeu soube levar com plena responsabilidade até o fim de sua vida seu glorioso nome, que hoje aclamamos como "São Judas Tadeu".

Pela primeira vez no Cenáculo

Tudo aconteceu pela primeira vez no Cenáculo. Para poder entender bem o Sermão da Ceia, é preciso estar em sintonia com o Espírito de Cristo: Jesus o pronunciou quando Judas Iscariotes já havia saído.[11] Entre o lava-pés e a oração final ao Pai, discorre com voz de águas profundas, nas quais vão flutuando as perguntas do coração humano, o Sermão da Ceia. Para seguir o seu curso, é preciso ter a perspectiva de toda a emocionante paisagem:

- o lava-pés, imagem de um amor que se humilha e de uma humanidade que serve e se entrega;
- o anúncio de uma traição, com uma perturbação comunicativa;
- a despedida (a ideia da partida vai se estender por todo o *corpus* do sermão, como um sistema nervoso).

Contudo, o amor é a alma dele: "Antes da festa da Páscoa, sabendo Jesus que tinha chegado a sua hora, hora de passar deste mundo para o Pai, tendo amado os seus que estavam no mundo, amou-os até o fim".[12]

Havia muitos anos, desde sua infância, Tadeu sentia-se amado por seu primo Jesus. Mas naquela noite santa sentiu muito mais profundamente o amor do Mestre, que superava amplamente o antigo carinho familiar.

---

[11] Dom José DELICADO BAEZA, que foi arcebispo de Valladolid, de seu artigo "Sermão de Cristo antes da Ceia", na obra *A resposta está na... Bíblia*. Tomo V, p. 77 (Madri, 1970).

[12] João 13,1.

14. O Cenáculo escuta a voz de Tadeu

No versículo 22 do capítulo 14 do Evangelho segundo São João, aparecem as únicas palavras que os Evangelhos recolhem de nosso protagonista Judas Tadeu. Começa um dos mais profundos discursos joânicos, no curso do qual se põe em evidência a relação do preceito do amor, ensinado pelo Mestre, em relação ao amor do Pai, do Filho e do Espírito Santo. Jesus começa acrescentando ao início um motivo de tranquilidade: "Não se perturbe o vosso coração!", diz com ternura nosso Senhor Jesus Cristo.

De fato, o episódio transcorre como uma refeição animada, na qual todos intervêm, embora Jesus tenha a iniciativa. Quando Judas Iscariotes partiu, a animação de Jesus cresceu, *como se fosse concedido ao Senhor um descanso momentâneo na caridade heroica que estava vivendo com o traidor.* Com os verdadeiramente seus, fala com mais confiança. Intervêm na conversação Simão Pedro, Tomé, Filipe e Judas Tadeu, segundo o testemunho de João Evangelista; provavelmente outros também tiveram alguma participação naquele diálogo múltiplo. No entanto, após a intervenção de Tadeu, Jesus toma de cheio a palavra e brota de sua boca um abundante fluxo de amor e de verdades. Já não há interrupções dos discípulos. Pode-se dizer, com plena propriedade, que se trata do *testamento de Cristo*. Após a Última Ceia, quase já não falará e as obras serão mais eloquentes que as palavras.[1]

Jesus revela o Pai

> "Não se perturbe o vosso coração! Credes em Deus, crede também em mim. Na casa de meu Pai há muitas moradas. Não fosse assim, eu vos teria dito. Vou preparar um lugar para vós. E depois que eu tiver ido e preparado um lugar para vós, voltarei e vos levarei comigo, a fim de que, onde eu estiver, estejais vós também. E para onde eu vou, conheceis o caminho". Tomé disse: "Senhor, não sabemos para onde vais. Como podemos conhecer o caminho?" Jesus respondeu: "Eu sou o caminho, a verdade e a vida. Ninguém vai ao Pai senão por mim. Se me conhecestes, conhecereis também o meu Pai. Desde já o conheceis e o tendes visto". Filipe disse: "Senhor, mostra-nos o Pai, isso nos basta". Jesus respondeu: "Filipe, há tanto tempo estou convosco, e não me conheces? Quem me viu, tem visto o Pai. Como é que tu dizes: 'Mostra-nos o Pai'? Não acreditas que eu estou no Pai e que o Pai está em mim? As palavras que eu vos digo, não as digo por mim

---

[1] CASES MARTÍN, Enrique. *Los doce apóstoles.* Conocimiento espiritual de los doce apóstoles (na seção dedicada ao apóstolo São Judas Tadeu). Publicado na web: Catholic.net.

mesmo; é o Pai que, permanecendo em mim, realiza as suas obras. Crede-me: eu estou no Pai e o Pai está em mim. Crede, ao menos, por causa destas obras. Em verdade, em verdade, vos digo: quem crê em mim fará as obras que eu faço, e fará ainda maiores do que estas. Pois eu vou para o Pai. E o que pedirdes em meu nome, eu o farei, a fim de que o Pai seja glorificado no Filho. Se pedirdes algo em meu nome, eu o farei" (Jo 14,1-14).

A pergunta de Tomé permite a Jesus pronunciar uma de suas afirmações supremas, que combina numa sentença as ideias mais fundamentais formuladas no Evangelho: "Eu sou o caminho, a verdade e a vida". Através de Cristo, chega-se à possessão do Pai, o que significa possuir a verdade e a vida: *ninguém vem ao Pai a não ser por mim.* Ele é o único caminho. A falta de compreensão por parte dos discípulos é tal que Jesus pode repetir as palavras que pronunciou contra seus adversários judeus: *Desde agora o conheceis e o vistes.* Com a glorificação de Cristo e a vinda do Espírito seu conhecimento será perfeito, apesar de suas fraquezas e medos.

A promessa do Espírito Santo

Jesus continua dizendo:

"Se me amais, observareis os meus mandamentos. E eu pedirei ao Pai, e ele vos dará um outro Defensor, que ficará para sempre convosco: o Espírito da Verdade, que o mundo não é capaz de receber, porque não o vê, nem o conhece. Vós o conheceis, porque ele permanece junto de vós e está em vós. Não vos deixarei órfãos: eu voltarei a vós. Ainda um pouco de tempo e o mundo não mais me verá; mas vós me vereis, porque eu vivo, e vós vivereis. Naquele dia sabereis que eu estou no meu Pai, e vós em mim, e eu em vós. Quem acolhe e observa os meus mandamentos, esse me ama. Ora, quem me ama será amado por meu Pai, e eu o amarei e me manifestarei a ele" (Jo 14,15-21).

A densidade da revelação é grande. Vemos nestas palavras o anúncio da futura vinda do Espírito Santo como Advogado, Consolador, Luz e Verdade. Também o relacionamento entre o Pai e o Filho, assim como o surpreendente fruto da graça que lhes fará viver unidos com Cristo de uma maneira nova e sobrenatural.

Judas Tadeu ficou muito intrigado com a novidade de que o mundo já não receberia a revelação de Jesus e, no entanto, eles sim. *O que Jesus quer dizer com o mundo? Então a salvação já não será dirigida a todos os homens?Jesus não insistiu sempre que deseja a salvação de todos, e não só das ovelhas de Israel?*[2]

Então Judas Tadeu tomou a palavra

Judas (não o Iscariotes) perguntou-lhe: "Senhor, como se explica que tu te manifestarás a

2 Ibid.

nós e não ao mundo?" Jesus respondeu- lhe: "Se alguém me ama, guardará a minha palavra; meu Pai o amará, e nós viremos e faremos nele a nossa morada. Quem não me ama, não guarda as minhas palavras. E a palavra que ouvis não é minha, mas do Pai que me enviou. Eu vos tenho dito estas coisas enquanto estou convosco. Mas o Defensor, o Espírito Santo que o Pai enviará em meu nome, ele vos ensinará tudo e vos recordará tudo o que eu vos tenho dito. Deixo-vos a paz, dou-vos a minha paz. Não é à maneira do mundo que eu a dou. Não se perturbe, nem se atemorize o vosso coração. Ouvistes o que eu vos disse: 'Eu vou, mas voltarei a vós'. Se me amásseis, ficaríeis alegres porque vou para o Pai, pois o Pai é maior do que eu. Disse-vos isso agora, antes que aconteça, para que, quando acontecer, creiais. Já não falarei mais convosco, pois vem o chefe deste mundo. Ele não pode nada contra mim. Mas é preciso que o mundo saiba que eu amo o Pai e faço como o Pai mandou. Levantai-vos! Vamo-nos daqui!" (Jo 14,22-31).

O discípulo sente-se confuso pela mudança no discurso de Jesus. Judas Tadeu interpreta nas palavras de Jesus que haverá uma diferença entre seus discípulos e o mundo. Em sua pergunta há estranheza. Com efeito, o apóstolo tinha a convicção de que a manifestação de Jesus havia de ser pública, gloriosa e a todo o mundo; e agora Jesus afirma que será secreta e destinada só a seus discípulos e não ao mundo. O que teria acontecido?

O próprio Jesus havia anunciado que chegariam os dias em que, depois de grandes fenômenos cósmicos, "verão o Filho do Homem vindo nas nuvens com grande poder e glória" (Mc 13,26). E havia esclarecido a visibilidade de sua vinda com uma imagem: "Pois como o relâmpago de repente brilha de um lado do céu até outro, assim também será o Filho do Homem, no seu dia" (Lc 17,24). Refere-se obviamente ao dia de sua manifestação. O Apocalipse garante que nem sequer aqueles que o crucificaram serão excluídos dessa visão: "Ele vem com as nuvens, e todo olho o verá – como aqueles que o traspassaram..." (Ap 1,7). Esse ensinamento permanece firme e o professamos no Credo, ao confessar sobre Jesus: "E de novo virá em sua glória para julgar os vivos e os mortos...". Essa é a ideia que Judas Tadeu tinha sobre a manifestação final, quando Ele virá para pôr fim à história. Por isso, pergunta se houve alguma mudança nisso tudo.

Jesus não responde diretamente a sua pergunta.[3] Porém, de suas palavras, se deduz que ele está falando de outra manifestação; está falando de sua manifestação atual, da que acontece agora, dentro da história. Mais adiante, Jesus recorda a seus discípulos o que havia dito: "Eu vou e voltarei a vós". Esse voltar

[3] Dom Felipe BACARREZA RODRÍGUEZ, bispo auxiliar de Concepción (atualmente bispo de Santa María de los Ángeles, Chile) publicou em 20 de maio de 2001, na seção "O Evangelho hoje", do diário *El Sur,* de Concepción (Chile), o comentário a esta passagem, com o título: "... e viremos a ele, e faremos nele morada" (Jo 14,23-29).

tem uma dupla realização: Jesus voltará no final do mundo e essa vinda será gloriosa, todos o verão; mas ele voltará também brevemente, logo depois de sua ressurreição e do envio do Espírito Santo. A manifestação escatológica será visível como um relâmpago; a manifestação que Jesus mencionava na Última Ceia acontece agora, no coração de seus discípulos, por obra do Espírito Santo. Dessa manifestação o mundo não tem ideia. A ela se refere Jesus, quando diz: "Não vos deixarei órfãos: eu voltarei a vós. Ainda um pouco de tempo e o mundo não mais me verá; mas vós me vereis, porque eu vivo, e vós vivereis" (Jo 14,18-19).

Uma vez compreendido que a manifestação à qual Jesus refere-se será no segredo do coração e que acontecerá dentro dos poucos dias que faltavam para sua ressurreição, *fica de pé a pergunta de Judas Tadeu: Onde está a diferença entre eles e o mundo?*

Jesus responde com uma clara distinção: "Se alguém me ama, guardará a minha palavra... quem não me ama, não guarda as minhas palavras". A diferença entre os discípulos e o mundo é a que existe entre *amar a Jesus e não amá-lo*. No entanto, o amor pode ser ilusório. Por isso, Jesus acrescenta um critério mais concreto e preciso: a diferença entre os discípulos e o mundo é a que existe entre os que guardam a palavra de Jesus e os que não a guardam. O único sinal inequívoco de que alguém ama Jesus verdadeiramente é que proteja como um tesouro, em seu coração, a palavra de Jesus e viva de acordo com ela. Isso quer dizer "guardar sua palavra".

Por vós e por muitos

A resposta a Judas Tadeu é agora plena. Há um mundo de amor, através do qual chega a salvação, e um mundo pecador que se perderá. O que acontece é que muitos – os mundanos – preferem o mundo a Deus, pois o pecado apoderou-se de suas almas. Não se trata do pecado fruto da ignorância ou fraqueza, e sim de um pecado cometido com crueldade e lucidez. Esse pecado é o que impede a fé daqueles que tinham luzes abundantes para tê-la.

Judas Tadeu vislumbra agora melhor o que é o pecado:

> [...] realidade dura de aceitar, mas inegável: o *mysterium iniquitatis* (mistério da maldade), a inexplicável maldade da criatura que se ergue, por soberba, contra Deus... Temos de ter presente que, mesmo no plano humano, a grandeza da ofensa se mede pela condição do ofendido, pelo seu valor pessoal, pela sua dignidade social, pelas suas qualidades. E o homem ofende a Deus: a criatura renega o seu Criador.[4]

---

[4] ESCRIVÁ DE BALAGUER, São José Maria. *La muerte de Cristo, vida del cristiano.* Homilia pronunciada em 15 de abril de 1960. Publicada em seu livro *Es Cristo que pasa* (Madri, 1988), obra que reúne 18 homilias pronunciadas por São José Maria, entre 1951 e

Naqueles momentos, o pecado vai se manifestar contra Jesus, ao não se crer nele e persegui-lo. Poucas horas mais tarde chegará ao ponto do seu assassinato cheio de ódio e crueldade. Isso é o que aconteceu e que Judas Tadeu custa tanto a aceitar.

Judas Tadeu deve ter sentido muita pena ao compreender a malícia do pecado, porque já havia aprendido de Jesus o amor aos pecadores. Contudo, também devia compreender que Deus não quer tirar a liberdade dos rebeldes, pois seria um mal muito maior. Grande mistério é o da liberdade pecadora e obstinada.

1971, em diversas festas distribuídas ao longo do ciclo litúrgico. O fio condutor é a filiação divina que implica o chamado universal à santidade, à santificação do trabalho comum, à contemplação no meio do mundo, à unidade de vida. A primeira edição é de 1973. Até o momento foram publicados cerca de 500 mil exemplares em 19 idiomas.

15. Ferirei o pastor e se dispersarão as ovelhas

Judas Tadeu experimentará – com os outros dez apóstolos – como seu primo Jesus será a maior vítima da liberdade pecadora e obstinada dos homens. Do Cenáculo, o Mestre os conduziu a um lugar que já conheciam: o horto de Getsêmani. Ali começou a grande tragédia, com Jesus como protagonista solitário.

Quando o peregrino chega diante da Basílica das Nações, perto das muralhas de Jerusalém, encontra-se diante do horto onde Jesus passou as horas mais amargas, angustiantes e tristes de sua vida. Contemplamos as oliveiras milenares de troncos largos, rugosos, retorcidos e atormentados. São os rebentos dos que viram a agonia de Jesus. Tito, quando cercou Jerusalém, cortou todas as árvores, mas as oliveiras brotam de seu próprio cepo. Uma oliveira, mais jovem, tem um letreiro que diz: "Plantada pelo papa Paulo VI, em sua viagem à Terra Santa". Os estudos científicos realizados com carbono 14 certificam uma antiguidade de 20 séculos a essas oliveiras. São as da época de Cristo, as que presenciaram sua agonia e sua prisão! É assombroso estar perto dessas oliveiras, pois são as árvores que Jesus contemplou, testemunhas mudas de acontecimentos tão terríveis. Se pudessem falar, se pudéssemos escutar as histórias que testemunharam! Seria terrível, mas, ao mesmo tempo, consolador.

Jesus que, em outras circunstâncias, tinha procurado a solidão, pede três vezes a seus companheiros que velem junto a ele e três vezes eles sucumbem sob o peso do sono. A agonia de Jesus é a hora patética em que assume totalmente sua condição humana, com o temor ao sofrimento e à morte. Só Marcos menciona, no momento da prisão de Jesus e depois da fuga dos apóstolos, a presença de um jovem despertado pelo barulho da tropa, que sai para a rua, vestido somente com um lençol, o qual abandonará, quando os soldados tentam detê-lo.

Jesus que se separa de seus discípulos, a angústia de sua alma ao rogar que o cálice fosse afastado dele, a amorosa resposta do Pai que envia um anjo para sustentá-lo, a solidão do Mestre que três vezes encontra seus discípulos dormindo em lugar de rezarem com ele, o valor manifestado na resolução final de ir ao encontro do traidor: tirada dos diversos Evangelhos, essa combinação de dor humana, apoio divino e oferecimento solitário de si contribuiu muito para fazer com que os crentes em Jesus o amem, convertendo-se em objeto de arte de meditação.

A oração de Jesus foi acompanhada pela dor e pelo sofrimento. Os grandes homens jamais foram insensíveis. Ao contrário, vibraram com sentimentos de pena ou de desfrute, no fundo de seu coração, diante dos acontecimentos de sua vida. Jesus sentiu tristeza com a proximidade de sua paixão e morte, pressentida com absoluta certeza. "... começou a sentir pavor e angústia", diz São Marcos (14,33). E Lucas acrescenta: "Entrando em agonia, Jesus orava com mais insistência. Seu suor tornou-se como gotas de sangue que caíam no chão" (22,44). Seja qual for a natureza desse fenômeno, é certo que testemunha um sofrimento cruel e uma extrema angústia, que põe o corpo em um estado de extenuação suprema. A agonia de Jesus no horto de Getsêmani manifesta, de um lado, sua extraordinária capacidade de sofrimento e dor, e, de outro, a absoluta generosidade de sua doação de redimir os homens.

Nenhum pincel como o de Francisco de Goya para pintar essa hora: a turba grotesca de bêbados que, entre gracejos e gargalhadas, rodeia e amassa a brancura do cordeiro entregue às forças do mal; os lábios luxuriosos e sujos de Judas que se aproximam, como um torpe focinho, ao pálido rosto do Mestre... É, com certeza, a hora do poder das trevas, e o pintor espanhol envolve esse momento de certo clima de sabeísmo no magnífico quadro que se conserva na sacristia da Sé de Toledo. Também o pincel literário de São Marcos ressalta com numerosos detalhes essas tintas negras. Sublinha – segundo uma frase muito sua – que Judas Iscariotes era um dos Doze; usa, ao descrever o beijo de Judas, um verbo composto que poderia ser traduzido por "beijou espalhafatosamente", "beijou simulando uma grande ternura"; e apresenta de modo quase cômico a tola resistência de Pedro, cuja espada só serve para cortar a orelha de um dos muitos que chegaram para prender Jesus.[1]

O que Judas Tadeu fez naquele momento? Defendeu seu primo e Mestre? No restante de sua vida, certamente, essa foi uma das recordações que mais doíam no seu coração. Judas Tadeu abandonou Jesus e fugiu com os outros e como os outros apóstolos. E Jesus ficou só. Detido para ser conduzido à condenação à morte, e morte de Cruz.

1 Marcos 14,43-52.

16. Primeiros encontros com o Ressuscitado

Os pais de Judas Tadeu

O medo tinha feito com que os discípulos fugissem: entre eles Judas Tadeu, que, por laços de sangue e por escolha pessoal, estava tão unido à Vítima da maior injustiça da história da humanidade.

O corpo sagrado de Jesus morto teria ficado na cruz. Contudo, a coragem de José de Arimateia e de Nicodemos levou-os a enfrentar seus correligionários, inimigos de Jesus, e a obter a licença legal necessária para retirar o cadáver da cruz e sepultá-lo. José era um ilustre conselheiro do sinédrio, e Nicodemos um fariseu, chefe entre os judeus. Graças a eles, o Senhor recebeu uma sepultura digna, pois estes dois homens notáveis tomaram o corpo de Jesus, envolveram-no em um lençol, enfaixaram-no com bandas e aromas e colocaram-no em um sepulcro novo, propriedade de José de Arimateia, que se localizava em um horto próximo ao lugar em que o Nazareno foi crucificado.

Após Jesus ter sido colocado no sepulcro, a Virgem Maria *foi a única a manter viva a cha-*

ma da fé, preparando-se para acolher o anúncio gozoso e surpreendente da Ressurreição.[1] A espera vivida pela Mãe do Senhor no sábado santo constitui um dos momentos mais altos de sua fé: *na escuridão que envolve o universo, ela confia plenamente no Deus da vida* e, recordando as palavras de seu Filho, espera a realização plena das promessas divinas.

Os Evangelhos fazem referência a várias aparições do Ressuscitado, mas não falam do encontro de Jesus com sua mãe. Esse silêncio não nos deve levar à conclusão de que, depois da ressurreição, Cristo não apareceu a Maria; ao contrário, convida-nos a tratar de descobrir os motivos pelos quais os evangelistas não falam sobre isso. Se os autores do Novo Testamento não falam do encontro de Jesus ressuscitado com sua mãe, talvez isso se atribua ao fato de que aqueles que negavam a ressurreição do Senhor poderiam ter considerado esse testemunho suspeito e, portanto, não digno de fé.[2]

---

[1] JOÃO PAULO II. *Audiência Geral* de 3 de abril de 1996.

[2] JOÃO PAULO II. *Audiência Geral* de 21 de maio de 1997: "É legítimo pensar que, de maneira verossímil, Jesus ressuscitado *apareceu a sua mãe em primeiro lugar*. A ausência de Maria no grupo das mulheres que, ao amanhecer, se dirigiram ao sepulcro (cf. Mc 16,1; Mt 28,1) não poderia constituir um indício de que ela já havia se encontrado com Jesus antes? Essa dedução ficaria confirmada também porque as primeiras testemunhas da ressurreição, por vontade de Jesus, *foram as mulheres*, que permaneceram fiéis ao pé da cruz e, portanto, mais firmes na fé. Com efeito, a uma delas, Maria Madalena, o Ressuscitado encarrega a mensagem que devia transmitir aos apóstolos (cf. Jo 20,17-18). Talvez também esse dado permita

Essa aparição é postulada por um motivo teológico: *a singular associação de Maria Santíssima aos mistérios de seu Filho.* A associação única e especialíssima de Maria aos mistérios da Encarnação, do Nascimento e, sobretudo, da Paixão e Morte exige que também nesse mistério central da Ressurreição ela ocupe um lugar privilegiado. A mais próxima na encarnação, a mais próxima no nascimento, a mais próxima em sua morte, não deveria ser também a mais próxima em sua ressurreição?[3]

Finalmente, não esqueçamos que os Evangelhos relatam somente algumas das aparições de Jesus ressuscitado, e certamente não pretendem fazer uma crônica completa de

---

pensar que Jesus apareceu primeiro a sua mãe, pois ela foi a mais fiel e, na provação, conservou íntegra sua fé" (n. 3).

[3] Assim exprime o grande pregador dominicano frei Luis de Granada, em seu *Livro da oração e meditação*: "A estrela da manhã não surge com tanta formosura como a que resplandeceu aos olhos da Mãe naquele rosto cheio de graças e naquele espelho da glória divina. Maria vê o corpo do Filho ressuscitado e glorioso, livre já de todos os maus-tratos passados, recuperada a graça daqueles olhos divinos e ressuscitada e aumentada a sua primeira formosura. As feridas das chagas, que tinham sido para a Mãe como espadas de dor, viu-as Ela convertidas em fontes de amor; àquele que vira padecer entre ladrões, vê-o agora acompanhado de anjos e santos; àquele que a confiara do alto da cruz ao discípulo, vê-o agora estender-lhe os seus braços, vê-o ressuscitado diante dos seus olhos. Ela o possui e não o deixa; abraça-o e pede-lhe que não parta; junto da Cruz, emudecida de dor, não soubera o que dizer; agora, emudecida de alegria, não consegue falar" (26, 4, 16).

tudo o que aconteceu durante os quarenta dias depois da Páscoa.[4]

As miróforas

É a alvorada do domingo.[5] As piedosas mulheres[6] querem envolver em panos o corpo de Jesus e perfumá-lo com aromas preciosos, segundo o costume judeu, já que não puderam fazê-lo com a delicadeza de sempre na sexta-feira de tarde, quando ele foi sepultado. Tiveram grande surpresa quando viram que a pedra tinha sido removida para fora do sepulcro. Maior ainda foi sua tristeza, porque já não se encontrava ali o corpo do Senhor.

---

4 Segundo afirma Santo Inácio de Loyola na Quarta Semana de seus "Exercícios Espirituais", entre as aparições do Senhor ressuscitado figura em primeiro lugar "a aparição a Maria", que não figura em nenhum dos quatro Evangelhos. Neste ponto, o estilo de Santo Inácio, tão sereno, parece animar-se e sair em defesa desta contemplação: "apareceu à Virgem Maria, o que, embora não esteja dito na Escritura, tem-se como subentendido quando se menciona que apareceu a muitos outros" (299).

5 Mateus 28,9-10.

6 *A mãe do apóstolo Judas Tadeu, Maria de Cléofas,* participou com outras piedosas mulheres do caminho que Jesus percorreu até o Calvário. Esteve ao pé da Cruz, com sua irmã Salomé e com Maria Madalena, acompanhando a Santíssima Virgem Maria. Também presenciou o sepultamento do corpo de Jesus na tarde da Sexta-Feira da Paixão. Na manhã do domingo é uma das santas mulheres que – com unguentos e aromas – dirigem-se ao sepulcro, aparecendo diante delas o Senhor ressuscitado. *A liturgia bizantina* tem honrado as piedosas mulheres, dedicando-lhes um domingo do ano litúrgico, o segundo depois da Páscoa, que toma o nome de "Domingo das Miróforas", isto é, das portadoras de mirra e aromas.

Quem se atreveria a remover a imensa pedra? Talvez os soldados romanos? Não, com certeza, eles não foram! Uma iniciativa assim lhes causaria uma condenação à morte. Os chefes do povo? Impossível! Eles haviam pedido a crucificação de Jesus. Os apóstolos? Não, já que estavam assustados e escondidos! As piedosas mulheres, então? Mas como poderiam ter feito isso sozinhas?

Ao chegar, comprovam que o sepulcro está vazio, o corpo do Messias não está em seu interior. Segundo o Evangelho de Marcos, as mulheres encontraram no sepulcro alguém que lhes deu o anúncio da ressurreição;[7] porém elas tiveram medo e, apesar das afirmações do jovem vestido de branco, "Elas, em tremor e fora de si, saíram e fugiram do túmulo, [...] pois estavam com medo". Como não compreender sua reação? E, no entanto, a comparação com os textos paralelos dos outros Evangelhos permite afirmar que, embora temerosas, as mulheres levaram o anúncio da ressurreição, da qual o "sepulcro vazio", com a pedra retirada, foi o primeiro sinal.

Na liturgia católica, Maria Madalena[8] é apresentada como a "apóstola dos apóstolos", a primeira crente chamada a ser testemunha e anunciadora da ressurreição do Messias, e

---

[7] Marcos 16,5-8.

[8] Marcos 16,9-11.

como exemplo daqueles que procuram Deus pelo caminho da fé, para servi-lo com amor, generosidade e firmeza. Os escritos patrísticos se referem às miróforas com lindas imagens:

- Elas, como a esposa do Cântico dos Cânticos, procuram Cristo, o amor de sua alma, quando ninguém ainda sabia de sua gloriosa ressurreição.
- Elas, imitando o salmista, madrugam com a alma sedenta de Deus para ir até o túmulo cavado na rocha.
- Elas, que haviam caminhado na escuridão até o horto de José de Arimateia, receberam a missão de transmitir à Igreja nascente a notícia luminosa do acontecimento pascal.

A liturgia relembra tudo isso com as palavras de uma belíssima sequência, cuja protagonista é também Maria Madalena: "Diz-nos, Maria: Que viste no caminho? Vi o sepulcro de Cristo vivo e a glória do Ressuscitado. Vi as testemunhas dos Anjos, vi o sudário e a mortalha. Ressuscitou Cristo, minha esperança...".[9]

---

[9] A sequência litúrgica *Victimae paschali laudes* é prescrita pela Igreja Católica para a Missa do domingo de Páscoa. Sua criação é atribuída a Wipo de Burgundia, monge do século XI que foi capelão de Conrado II, mas também tem sido atribuída a Notker Balbulus, Roberto II da França e Adão de São Vítor. Trata-se de umas das quatro sequências medievais que se conservaram ao ser feita a unificação do missal por São Pio V, após o Concílio de Trento, pois antes dessa decisão pontifícia várias solenidades contavam com sequências próprias e se podia escolher entre cerca de 16 sequências para a solenidade da Páscoa. O missal de Paulo VI manteve seu uso.

O mesmo podemos relacionar a cada uma das mulheres piedosas. A elas, que foram ao sepulcro com seus unguentos e com sua dor, lhes correspondeu o privilégio de conhecer primeiro a notícia da ressurreição: "Por que procurais entre os mortos aquele que está vivo?". Esta alegre notícia foi levada aos onze por umas poucas mulheres, entre elas a mãe de Judas Tadeu.

Enquanto isso, onde estava seu filho, apóstolo de Jesus? Onde se escondeu Judas Tadeu desde que abandonou o Mestre nas mãos de Judas Iscariotes e dos esbirros e fugiu covardemente? Teria, com a ajuda da mãe, se escondido no rincão mais oculto de sua casa? Tudo aquilo era demasiado para ele. E nem Tadeu nem a grande maioria dos apóstolos e discípulos entendiam nada, tampouco estavam treinados para assimilar a grande tragédia do Mestre, morto desnudo na Cruz, e a tragédia espiritual de sua própria covardia que lhes impediu sair em defesa de Jesus. E agora? Nem Judas Tadeu nem os demais apóstolos podiam intuir como o amor supremo do Mestre os livraria daquele imenso problema. E, pouco a pouco, foram deixando seus esconderijos particulares para reunir-se no Cenáculo, testemunha muda de tantos acontecimentos nos últimos dias. Ali se animariam mutuamente. Os três últimos anos com o Mestre, e os outros trinta anteriores de relacionamento com seu primo, davam a Judas Tadeu certa esperança. Jesus era a misericórdia personificada. Jesus era todo amor. Não, não podia abandoná-los como eles o haviam abandonado!

Os dois de Emaús: pai e irmão de Tadeu

Enquanto Maria de Cléofas, seguindo o impulso de seu coração, ia depressa com as outras mulheres ao túmulo do Redentor para prestar-lhe a extrema homenagem da unção ritual com vários unguentos, seu esposo[10] afastava-se de Jerusalém com o coração cheio de melancolia e desilusão.

Assim, pois, para Emaús, caminhavam nesse mesmo dia dois discípulos do Mestre. A distância de Jerusalém a Emaús é de um pouco mais de dez quilômetros. Vão comentando

---

10 Duas vezes aparece o nome de Cléofas nos Evangelhos. Uma vez em São Lucas, quando fala dos dois discípulos que caminhavam para Emaús (Lc 24,13ss), e a outra em São João, quando fala de "Maria, a mulher de Cléofas", que estava presente no Calvário, acompanhando Nossa Senhora, na tarde em que Jesus foi crucificado e morreu (Jo 19,25ss). O franciscano Sabino de Sandoli publicou, em 1968, um trabalho em que nos diz que, segundo Eusébio de Cesareia (entre 265-339) citando a Hegesipo (~115-180), Cléofas seria irmão de São José, esposo da Virgem Maria, o que faz com que ele seja tio de Jesus. Morreria apedrejado em sua própria casa por confessar que Jesus era o Messias anunciado pelos profetas. Quanto ao segundo discípulo que se encontrou com Jesus na estrada de Emaús na tarde da Ressurreição, e cujo nome não aparece nos Evangelhos, segundo Orígenes, se trataria do próprio filho de Cléofas, ou seja, de Simão, "irmão do Senhor", isto é, seu primo. Ou então, o que é a mesma coisa, o irmão de Judas Tadeu.

entre eles os acontecimentos do fracasso de Jesus nos dias passados. As pisadas são lentas porque levam a amargura no peito. São tantos anos juntos, tantas ilusões truncadas, tantas promessas secas, tantas alegrias eclipsadas... até mesmo os projetos do Reino se esfumaram com os pregos, a cruz e a lança. Com Jesus morto mal se anda. Conversavam entre si sobre tudo o que havia sucedido, sem compreender o sentido dos acontecimentos.

Jesus ressuscitado aproxima-se deles e caminha com eles, no entanto, seus olhos não podiam reconhecê-lo, porque se encontravam nas trevas mais escuras. Somente viam o aspecto tremendamente negativo da cruz, que arruinava suas esperanças: "Nós esperávamos que fosse quem libertaria Israel".[11] Então Jesus, através de uma longa catequese bíblica, ajuda-os com uma paciência admirável a voltar à luz da fé: começando por Moisés e continuando por todos os profetas, explicou-lhes o que se dizia do Messias em todas as Escrituras. O coração deles começou a arder. Os discípulos não sabiam que, naquele preciso momento, eles mesmos o estavam contemplando, que estavam caminhando em sua companhia, que estavam falando com ele. Certamente, seus olhos estavam fechados e não eram capazes de reconhecê-lo.[12]

---

[11] Lucas 24,21.

[12] JOÃO PAULO II. *Homilia na canonização de 103 mártires.* Seúl (Coreia), 6 de maio de 1984.

E então, chegou uma das mais íntimas petições que por boca de homem foram dirigidas a Deus: "Fica conosco, pois já é tarde e a noite vem chegando!". Este foi o convite ávido que na tarde do dia da ressurreição os dois discípulos, que se dirigiam a Emaús,[13] fizeram ao Caminhante que, ao longo do trajeto, uniu-se a eles: a luz da Palavra suavizava a dureza de seu coração e eles abriram os olhos. Entre a penumbra do crepúsculo e o ânimo sombrio que lhes embargava, aquele Caminhante era um raio de luz que despertava a esperança e

[13] A *Beata Mariam Baouardy*, de origem árabe, nasceu em 1846, perto de Nazaré. Ao professar como carmelita descalça, recebe o nome de Maria de Jesus Crucificado. Morreu em 1878 e foi beatificada pelo papa João Paulo II, em 1983. Seus biógrafos contam que, em abril de 1878, meses antes de sua morte, deu outra e muito estranha prova de seus dons particulares com os quais tinha sido enriquecida. Após uma saída, ao regresso, a caravana avançava em direção a Nazaré e havia chegado aos prédios de Latroun-Amwas. Quando a carruagem parou para a mudança de cavalos, Mariam começou a correr rapidamente, abriu caminho entre o mato e os espinhos, e chegou a um clarão onde estavam alguns escombros. Ela então exclamou: "É aqui, este é o lugar onde o meu Senhor comeu com seus discípulos!", afirmando que exatamente naquele lugar se realizara o encontro de Emaús. Até então, os arqueólogos haviam identificado em outro lugar a povoação citada pelo Evangelho. Apesar disso, uma amiga de Mariam comprou o terreno, crendo em sua palavra. Quase cinquenta anos depois, em 1924/1925, os arqueólogos dominicanos da Escola Bíblica de Jerusalém começaram as escavações no lugar indicado pela religiosa carmelita e descobriram os restos de duas basílicas bizantinas e uma sucessiva basílica do tempo das cruzadas. Esses descobrimentos obrigam os estudiosos a reconsiderar suas conclusões sobre Emaús.

abria seu espírito ao desejo da plena luz. "Fica conosco", suplicaram, e ele aceitou.[14]

Quando se sentou à mesa com eles, tomou o pão, pronunciou a bênção, o partiu e deu a seus discípulos. Então eles viram e o reconheceram, porém ele desapareceu de seu lado. Graças à explicação luminosa das Escrituras, haviam passado das trevas da incompreensão à luz da fé e se tornaram capazes de reconhecer Cristo Ressuscitado ao partir o pão.[15]

Os dois discípulos levantaram-se no mesmo momento para comunicar o que haviam visto e ouvido. Voltaram imediatamente a Jerusalém para procurar os onze. Agora, refazer todo o percurso para dizer aos irmãos que as mulheres da alvorada tinham razão não é algo pesado, é alegria; avançam na noite tão seguros como em pleno dia, porque as estrelas brilham muito, os passos tornaram-se ágeis e firmes, o coração bate com força, a alegria se fez vida. Notam a veemência de dizer logo aos outros que Jesus, sim, é o Messias! Com Jesus Vivo, caminha-se muito bem.

Encontraram-nos no Cenáculo e eles disseram-lhes: "Ele já esteve aqui". Porque no domingo de tarde Jesus havia aparecido aos apóstolos no Cenáculo, confirmando com sua

---

[14] JOÃO PAULO II. Carta Apostólica *Mane nobiscum, Domine*, n. 1 (2004).

[15] JOÃO PAULO II. *Audiência Geral.* 15 de novembro de 2000.

presença o que já havia sido mencionado pela mãe de Judas Tadeu e pelas outras piedosas mulheres que, com ela, foram ao sepulcro vazio.

Judas Tadeu, como os outros dez (Tomé não estava), comprovou que não se enganara ao confiar no infinito amor misericordioso do Senhor.

Iniciava-se uma nova relação entre eles e Jesus. Não sabiam como iria evoluir nem aonde os conduziria. Porém, sobre todas as coisas, já não podiam duvidar da fidelidade do Mestre. Sabiam em quem estavam confiando, muito embora a fraqueza humana tenha-os levado a abandoná-lo na hora fatal do Getsêmani.

17. Os Onze no Cenáculo

Entre os que receberam o anúncio das piedosas mulheres, estavam Pedro e João. Eles aproximaram-se do sepulcro não sem vacilar, ainda mais porque Maria Madalena comentara com eles que haviam levado o corpo de Jesus. Chegando ao sepulcro, também o encontraram vazio. Terminaram por crer, após haverem certamente duvidado, porque, como diz João, "ainda não tinham compreendido a Escritura, segundo a qual [Jesus] devia ressuscitar dos mortos".[1]

Digamos a verdade: o fato era assombroso para aqueles homens que se encontravam diante de coisas demasiado superiores a eles. A mesma dificuldade, demonstrada pelas tradições do acontecimento, em dar uma informação plenamente coerente do fato confirma seu caráter extraordinário e o impacto desconcertante que teve no ânimo das afortunadas testemunhas. A referência à "Escritura" é a prova da obscura percepção que tiveram ao encontrar-se diante de um mistério sobre o qual somente a Revelação podia iluminar. No entanto, eis outro dado que deve ser bem con-

---

[1] João 20,3-9.

siderado: se o "túmulo vazio" deixava perplexos à primeira vista e podia até mesmo provocar certa suspeita, o gradual conhecimento desse fato inicial, como mencionam os Evangelhos, terminou levando ao descobrimento da verdade da ressurreição.[2]

Para as mulheres e para os apóstolos, o caminho aberto por esse *sinal* conclui-se mediante o encontro com o Ressuscitado: *então a percepção, mesmo sendo tímida e incerta, transforma-se em convicção e, ainda mais, em fé naquele que ressuscitou verdadeiramente.*

Assim aconteceu com as mulheres que, ao ver Jesus em seu caminho e escutar sua saudação, lançaram-se a seus pés e o adoraram.[3] O mesmo aconteceu aos discípulos reunidos no Cenáculo, quando, na tarde daquele primeiro dia depois do sábado, viram finalmente Jesus entre eles, sentiram-se felizes pela nova certeza que entrara em seus corações: "[...] se alegram por ver o Senhor".[4]

Para *Judas Tadeu* – e seus companheiros de apostolado – a esperança lhes veio ao encontro: a vida começava de novo a fazer sentido.

---

[2] JOÃO PAULO II. *Audiência Geral.* 1º de fevereiro de 1989.

[3] Mateus 28,9.

[4] João 20,19-20.

Dez apóstolos

Estando reunidos os dez – pois faltava Tomé – a portas fechadas, Jesus apareceu diante deles no Cenáculo e lhes disse: "A paz esteja convosco!".

Ficaram sobressaltados e cheios de medo, pois pensavam que estavam vendo um espírito. Mas Jesus lhes disse: "Por que estais perturbados, e por que tendes dúvidas no coração? Vede minhas mãos e meus pés: sou eu mesmo! Tocai em mim e vede. Um espírito não tem carne, nem ossos, como estais vendo que eu tenho".

E como, por causa da alegria, não podiam acreditar ainda e permaneciam surpresos, disse-lhes: "'Tendes aqui alguma coisa para comer?". Deram-lhe um pedaço de peixe assado. Ele o tomou e comeu-o diante deles.[5] São Marcos afirma que Jesus "os criticou pela falta de fé e pela dureza de coração, porque não tinham acreditado naqueles que o tinham visto ressuscitado".[6] Depois Jesus soprou sobre eles e lhes disse: "Recebei o Espírito Santo. A quem perdoardes os pecados, serão perdoados; a quem os retiverdes, lhes serão retidos".[7]

---

5 Lucas 24,26-43.

6 Marcos 16,14.

7 João 20,22-23.

18. E agora se repetia a história: a tentação de olhar para o céu

A paz fora assinada entre a terra e o céu. O Mediador podia partir feliz. Levava – como recordação gloriosa – sua carne humana, como um capitão vencedor leva a espada adversária como butim. Levava também – como uma lembrança dolorosa – as chagas das mãos e dos pés, porque a paz foi assinada à custa de deixar desfeita a carne do Pacificador.

Partia sabendo bem que seu descenso não fora inútil: onde só havia morte, deixava vida; onde só desesperança, ficava a salvação. Era o final glorioso, mas os homens seguiam sem entender. No monte Tabor, após a transfiguração, a única coisa que os três discípulos tinham aprendido era que ali estavam muito bem, que seria bom ficar para desfrutar o que lhes havia mostrado. E agora se repetia a história: os apóstolos caíam na tentação de "de ficar olhando o céu".

Um anjo teve que descer para "despertá-los", sacudi-los: "Galileus, por que continuam olhando para o céu? Este Jesus, que acaba de elevar-se ao céu, virá assim como se foi".

Escreve o grande sacerdote e jornalista José Luis Martín Descalzo:

Olhar o céu pode ser então uma tentação? Ficar olhando para o céu, certamente o é. E uma tentação muito comum entre os cristãos de todos os tempos. Cristo parte e tudo o que os homens se lembram de fazer é começar a lamentar sua ausência. Frei Luis de León descreveu belissimamente esse sentimento lamentoso:

"E deixas, Pastor Santo,
teu rebanho neste vale fundo, escuro,
em solidão e pranto,
e Tu, rompendo o ar puro,
te vais ao imortal seguro?"

É, realmente, esse "seguro" o que desejamos; é a escuridão, a solidão e o pranto o que nos aterroriza. Queremos ir a Cristo, sim, queremos ir com Ele. Porém, para estar com Ele ou para estar seguros? Não nos lamentamos de que não nos leve consigo à cruz, e sim de que não nos arraste junto com Ele ao "seguro". Por isso, ficamos olhando para o céu. A saudade é doce, uma espécie de planta adormecedora.[1]

São Lucas escreveu dois livros: o terceiro Evangelho e os Atos dos Apóstolos. Nos dois relata, de modo muito diferente, a Ascensão. Os primeiros versículos mantêm laços com seu Evangelho. O primeiro relato, de inspiração

---

1 MARTÍN DESCALZO, José Luis. Artigo da publicação *A resposta está na... Bíblia*. Tomo VI, p. 93 (Madri, 1970). Martín Descalzo era o Secretário de Redação dessa coprodução franco-belga-espanhola.

litúrgica, é uma doxologia à vida pública do Senhor; o segundo, de inspiração cósmica e missionária, vem a ser a introdução ao livro dos Atos e à etapa inicial da Igreja. Os cinco primeiros capítulos dos Atos mostram os primeiros dias da Igreja de Jerusalém; é o início, em que os apóstolos dirigem a atividade, que reside sempre na referência ao Espírito Santo, espírito vivificador.

Aqui a importância radica na missão dada por Jesus aos apóstolos. Ele não vai embora, somente deixa de ser visível. Na Ascensão, Cristo não nos deixa órfãos, mas permanece entre nós com outro tipo de presença: "Eis que estou convosco todos os dias, até o fim dos tempos!" (Mt 28,20). Ele prometeu e cumpre. Pela Ascensão, Cristo entrou na plenitude de seu Pai como Deus e como Homem.

A Ascensão está ligada à Páscoa. A Ressurreição significa que, depois da morte, continua vivendo de um modo exato e pleno; é Deus, que se transfigurou à imagem e semelhança do Pai. A Páscoa ressalta o fato de que Jesus vive, que está conosco. A Ascensão sublinha sua glorificação. O Pai ressuscitou Jesus dos mortos e o sentou à sua direita. Ressurreição e Ascensão constituem um único acontecimento; o Evangelho apresenta o Senhor da glória exercendo sua soberania: "Foi-me dado pleno poder no céu e na terra".

Estas palavras foram escutadas por Judas Tadeu, como pelo resto dos apóstolos. As palavras dariam força ao que veriam; encheram-nos de ânimo, coragem e segurança para levar a Boa-Nova a todo o mundo.

São Mateus termina seu Evangelho como começou. No princípio, anunciava o nome de Emanuel, "Deus conosco", antecipado pelo profeta Isaías (Is 1,23). Agora, nos garante que aquela profecia se fez permanente realidade: "Eis que estou convosco todos os dias, até o fim dos tempos!".

Estas últimas palavras de Jesus dissiparam para sempre qualquer sombra de dúvida no coração de Judas Tadeu. Se o primo e Mestre está com ele, o que pode temer?

19. Jerusalém, ano 50

E chegou o dia em que se cumpria uma das promessas mais firmes do Mestre. Depois de 50 dias da ressurreição de Jesus, o Espírito Santo pousou sobre Judas Tadeu – e sobre os outros apóstolos –, confirmou plenamente a esperança posta no Senhor e começava uma nova vida. Os Onze, aos quais logo se juntou Paulo, que foram eleitos por Jesus como apóstolos da humanidade, iam iniciar sua missão, cheios do Espírito de Jesus. Uma nova vida abria-se diante de Judas Tadeu: iniciava-se a dispersão evangelizadora...

Encontramo-nos no ano 50 e tem lugar, em Jerusalém, o primeiro Concílio da história da Igreja. Na realidade, escreve Joaquín Luis Ortega,[1] nem sequer se chamava Igreja. Contentava-se em ser a comunidade dos que criam em Jesus ressuscitado. Um punhado de gente semeando em um mundo indiferente e hostil. Corria o ano 50, mais ou menos, porque até a cronologia resulta humildemente incerta. De qualquer maneira, é certo que os apóstolos, após sua dispersão pentecostal, regressavam

---

[1] Joaquín L. ORTEGA publicou esse artigo no livro *A resposta está en... la Biblia*. Tomo VI, p. 113 (Madri, 1970).

de suas primeiras pregações. Paulo, por exemplo, já cumprira a primeira de suas viagens.

É preciso ter a data para a história da Igreja, contudo, mais que a data a nós importa que os apóstolos aceitaram o desafio do mundo pagão. A Igreja primitiva procura, com empenho, permanecer fiel a Jesus Cristo. Pouco a pouco, os apóstolos foram reunindo-se e agrupando-se em torno de Tiago, "o irmão do Senhor", que presidia a comunidade de Jerusalém. Deve ter sido comovente contemplar o abraço entre os apóstolos que não parariam de narrar suas histórias pelo "mundo inteiro". Deve ter sido único o abraço dos irmãos Tiago e Judas Tadeu!

Mas deixemos que seja Paulo a narrar este episódio:

> Chamo-me Paulo, sou o famoso judeu *Saulo de Tarso*. Depois da minha conversão, regressei a Jerusalém. Era o ano 37, e havia passado três anos após aqueles acontecimentos no caminho de Damasco. Então, dos doze apóstolos só pude ver Pedro e Tiago, o irmão do Senhor. Mas logo soube da importância que tinha, para os cristãos de Jerusalém, a presença de Tiago, porque quando, em 44, Pedro escapou da prisão, desejava que a notícia de sua libertação fosse levada a Tiago.[2]

---

[2] Liberto em Roma, Herodes Agripa, neto do tetrarca Herodes o Grande, recebeu o título de rei de mãos do imperador Cayo Calígula. Para ganhar popularidade entre os judeus, finge, como bom

Pouco depois da minha volta a Jerusalém, por mandato dos apóstolos, iluminados pelo Espírito Santo, junto com Barnabé, comecei minha primeira viagem apostólica, que durou desde o ano 45 ao 50 d.C., atravessando toda a ilha de Chipre. Então, fundamos as comunidades cristãs nas cidades da Ásia Menor: Psídia, Antioquia, Icônio, Listra e Derbe.

A intervenção de Tiago foi decisiva na questão da difícil relação entre os cristãos de origem judaica e os de origem pagã. Ele contribuiu, juntamente com Pedro, para superar, aliás, para integrar a dimensão judaica original do cristianismo com a exigência de não impor aos pagãos convertidos a obrigação de submeter-se a todas as normas da lei de Moisés.

Será Lucas, meu querido médico, que em seus Atos dos Apóstolos menciona a solução de compromisso, proposta precisamente por Tiago e aceita por todos os apóstolos presentes, segundo a qual aos pagãos que acreditassem em Jesus Cristo somente se deveria pedir que evitassem o costume idolátrico de comer a carne dos animais oferecidos em sacrifício aos

---

demagogo, ser um modelo de fé diante de seus súditos, em Jerusalém. Talvez com a intenção de agradar os tradicionalistas mais fanáticos, empreende uma perseguição contra a Igreja nascente que terá como vítimas *Tiago o Maior, filho de Zebedeu, o primeiro apóstolo que chega a dar testemunho de sua fé mediante o martírio.* Ao contrário de Nosso Senhor e de Estêvão, o primeiro mártir da Igreja, Tiago, não foi lapidado como blasfemador, mas foi decapitado como se se tratasse de um réu político. Os acontecimentos narrados no capítulo 12 do livro dos Atos dos Apóstolos devem ter ocorrido entre os anos 41 e 44, já que Herodes não foi rei da Judeia e da Samaria antes do ano 41, e morreu pouco depois, em 44.

deuses, e da "impureza". Na prática, deveriam respeitar somente umas poucas proibições da lei de Moisés, consideradas importantes.[3]

A carta que desde Jerusalém saiu para as Igrejas do paganismo (Antioquia, Síria e Cilícia) dizia assim:

Pois decidimos, o Espírito Santo e nós, não vos impor nenhum fardo, além destas coisas

[3] São Paulo refere-se também à Assembleia de Jerusalém, na Epístola aos Gálatas (Gl 2,1-10): após 14 anos de seu encontro com o Ressuscitado em Damasco, Paulo parte com Barnabé desde Antioquia da Síria e se faz acompanhar por Tito, seu fiel colaborador que, embora fosse de origem grega, não fora obrigado a se fazer circuncidar quando entrou na Igreja. Nessa ocasião, São Paulo expôs aos Doze, definidos como as pessoas mais relevantes, seu Evangelho de liberdade da Lei (cf. Gl 2,6). À luz do encontro com Cristo ressuscitado, ele compreendera que, no momento da passagem ao Evangelho de Jesus Cristo, os pagãos já não deveriam ser circuncidados e seguir as leis sobre o alimento e sobre o sábado, como demonstração de justiça: Cristo é nossa justiça e "justo" é tudo o que está de acordo com Ele. Não são necessários outros sinais para ser justos. Na Epístola aos Gálatas, menciona – com poucas palavras – o desenvolvimento da assembleia, recorda com entusiasmo que o Evangelho da liberdade da lei foi aprovado por Tiago, Cefas e João, "as colunas", que ofereceram a ele e a Barnabé a mão direita em sinal de comunhão eclesial em Cristo (cf. Gl 2,9). Se, como notamos, para São Lucas o Concílio de Jerusalém *expressa a ação do Espírito Santo*, para São Paulo representa *o reconhecimento decisivo da liberdade compartilhada entre todos aqueles que participaram dele*. Liberdade das obrigações provenientes da circuncisão e da Lei; a liberdade pela qual "Cristo nos libertou, para que sejamos livres" e já não nos deixemos impor o jugo da escravidão (cf. Gl 5,1). As duas modalidades com que São Paulo e São Lucas descrevem a assembleia de Jerusalém se unem pela ação libertadora do Espírito, porque "onde está o Espírito do Senhor há liberdade", como diz na segunda Epístola aos Coríntios (cf. 2Cor 3,17).

indispensáveis: abster-se de carnes sacrificadas aos ídolos, do sangue, das carnes de animais sufocados e das uniões ilícitas. Fareis bem se evitardes essas coisas. Saudações![4]

Todos estavam na expectativa. Judas Tadeu e os demais, absortos, escutavam tão sábia decisão.

O Espírito que opera em toda a Igreja nos conduz pela mão na hora de tomar novos caminhos para realizar seus projetos. Ele é o artífice principal da edificação da Igreja.

[4] Atos dos Apóstolos 15,28-29.

20. Jerusalém, ano 63: São Judas escreve sua epístola

Judas Tadeu se dispõe a escrever uma epístola porque erros dogmáticos e morais estavam sendo disseminados entre os cristãos hebreus. Escreve com a intenção de prevenir os leitores contra tais ensinamentos depravados, além de exortá-los a manter fielmente o ensinamento dos apóstolos. Inclinado sobre seu corpo envelhecido, dispõe-se a começar:

> Judas, servo de Jesus Cristo e irmão de Tiago,[1] aos eleitos bem-amados em Deus Pai e guardados para Jesus Cristo:[2] a vós, misericórdia, paz e amor em abundância!

---

[1] "Judas, servo de Jesus Cristo, irmão de Tiago." "Servo de Jesus Cristo" significa "ministro ou trabalhador apostólico". "Irmão de Tiago" o identifica com o irmão de São Tiago que era bem conhecido pelos cristãos hebreus destinatários da epístola de São Judas. Este Tiago é identificado com o bispo da Igreja de Jerusalém (At 15,13; 21,18), a quem São Paulo chama "o irmão do Senhor" (Gl 1,19), também autor da epístola católica de São Tiago e considerado entre os intérpretes católicos como o Apóstolo Tiago, filho de Alfeu (Tiago, o Menor). Este ponto de vista fica amplamente confirmado pelo título "o irmão de Tiago", mediante o qual Judas se designa a si mesmo no princípio da epístola. Comprovando-se esta identificação, fica claro que Judas, o autor da epístola, pertencia aos Doze Apóstolos.

[2] A dedicatória diz assim: *tois en Theo patri hegapemenois kai Iesou Christo teteremenois kletois* (a aqueles amados em Deus Pai, pre-

Caríssimos, enquanto eu estava todo empenhado em escrever-vos a respeito da nossa comum salvação, senti a necessidade de mandar-vos uma exortação a fim de lutardes pela fé, que, uma vez para sempre, foi transmitida aos santos. É que se insinuaram certas pessoas, das quais desde há muito estava escrito o seguinte juízo: ímpios que abusam da graça do nosso Deus para a devassidão e negam o nosso único soberano e Senhor, Jesus Cristo.

Embora plenamente instruídos, quero lembrar-vos que o Senhor uma vez salvou o povo da terra do Egito, mas num segundo momento fez perecer os que não foram fiéis. E os anjos que não conservaram a sua dignidade, mas abandonaram a própria moradia, ele os guardou presos em cadeias eternas, debaixo das trevas, para o juízo do grande dia. Assim também Sodoma e Gomorra e as cidades vizinhas, que do mesmo modo praticaram desenfreada prostituição e vícios contra a natureza, foram postas como exemplo, castigadas com um fogo eterno.

Do mesmo modo, essas pessoas, levadas por seus devaneios, mancham a carne, desprezam o senhorio de Deus e insultam os seres gloriosos. No entanto, o arcanjo Miguel, quando estava disputando com o diabo o corpo de Moisés, não se atreveu a lançar-lhe em rosto uma invectiva injuriosa; mas apenas lhe disse: "O Senhor te repreenda!" Esses tais, porém, injuriam o que desconhecem e, por outro lado, corrompem-se

---

servados em Cristo Jesus e chamados). Quem são os *kletoi*, ou "chamados", fica claro no contexto. Não são todos os cristãos do mundo, mas aqueles de uma Igreja em particular (versos 3, 4, 17 e 22).

naquilo que conhecem pela natureza, como o conhecem até os animais sem razão. Ai deles! Enveredaram pelo caminho de Caim, por amor ao lucro precipitaram-se no extravio de Balaão, e perderam-se na rebelião de Coré. Essa gente é a desonra de vossas refeições comunitárias. Banqueteiam-se sem vergonha, apascentando-se a si mesmos. São nuvens sem água, que passam levadas pelo vento. São árvores do fim do outono, sem frutos, duas vezes mortas, desarraigadas. São ondas furiosas do mar, que espumam as próprias abominações; estrelas errantes, às quais são reservadas para sempre densas trevas.

Deles vale também o que pronunciou Henoc, o sétimo patriarca depois de Adão: "Eis que veio o Senhor com milhares de seus santos, para exercer o juízo contra todos, e para denunciar todos os ímpios a respeito de todas as impiedades que cometeram e dos insultos que, como ímpios pecadores, proferiram contra ele". São murmuradores descontentes, que vivem ao sabor de suas paixões. A sua boca fala insolência, mas ao mesmo tempo adulam os outros por interesse. Vós, porém, caríssimos, lembrai-vos das palavras preditas pelos apóstolos de nosso Senhor Jesus Cristo, que vos diziam: "Nos últimos tempos aparecerão zombadores, vivendo ao sabor de suas ímpias paixões". São eles que provocam divisões. São vulgares e não têm o Espírito.

Vós, porém, caríssimos, edificai-vos sobre o fundamento da vossa santíssima fé e orai, no Espírito Santo, de modo que vos mantenhais no amor de Deus, esperando a misericórdia de nosso Senhor Jesus Cristo, para a vida eterna. E aos que estão com dúvidas, tratai com misericórdia. A certos outros, deveis salvá-los arrancando-os do fogo. De outros ainda deveis compadecer-vos, mas com temor, evitando até a roupa que a carne deles contaminou.

Àquele que é capaz de guardar-vos sem pecado e de apresentar-vos irrepreensíveis e jubilosos perante a sua glória, ao Deus único, que nos salva por meio de Jesus Cristo, nosso Senhor: glória, majestade, domínio e poder, desde antes de todos os séculos, e agora e por todos os séculos. Amém.[3]

---

[3] Apesar da brevidade da carta, trata-se de um compêndio dos artigos da fé: Deus é Um (v. 25) e Trino (v. 20-21); é Pai (v. 1), poderoso (v. 25), ponte de graça (v. 4), de justiça (v. 5), de caridade (v. 21), é Salvador (v. 5). Jesus Cristo é o Mestre e Senhor (v. 4), enviado do Pai para nos salvar (v. 25), fala através de seus apóstolos (v. 17), guarda os fiéis (v. 1), terá misericórdia deles (v. 21). O Espírito Santo habita na alma do fiel (v. 20). Os Anjos existem e uns são bons (v. 9) e outros maus e foram castigados (v. 6.9). O cristão foi chamado por Deus e vive da fé (v. 20), há de lutar para mantê-la (v. 3) junto com a caridade (v. 21); deve lutar contra a libertinagem (v. 4, 8. 10) e contra o apego às riquezas (v. 12.16), caso contrário perderá a fé (v. 4.8) e será condenado (v. 7, 11.14ss).

21. Evangelizador e mártir

Do espírito missionário derivam-se as correrias apostólicas de São Judas Tadeu e de São Simão, com quem, depois da Ascensão de Jesus e da vinda do Espírito Santo, dedica-se com afã à pregação do Evangelho. A tradição garante que eles realizaram maravilhas e converteram numerosas pessoas à nova fé.

Segundo diferentes tradições, Judas Tadeu levou a mensagem messiânica até as regiões da Galileia, Judeia, Ásia, Egito, Eufrates, Tigre, Líbia, Samaria, Edessa e Babilônia, chegando até os confins da Síria e da Pérsia.[1]

---

[1] Segundo a tradição, dois apóstolos de Jesus, São Judas Tadeu e São Bartolomeu, foram os primeiros evangelizadores na Armênia. Depois das primeiras pregações e por causa das perseguições, o cristianismo se difundiu pela Armênia de forma clandestina. O Mosteiro de Geghard é uma construção arquitetônica única na província armênia de Kotayk, parcialmente cavado na montanha adjacente, rodeado por falésias. A Unesco o incluiu na lista dos Patrimônios da Humanidade. Enquanto a capela principal foi construída em 1215, o complexo monástico foi fundado no século IV por Gregório, o Iluminador, no lugar de um manancial sagrado no interior de uma caverna. O nome Geghard, abreviatura de Geghardavank, significa "O Mosteiro da Lança", pois, segundo a tradição, ali foi trazida a lança que feriu Jesus no Gólgota e que supostamente foi transportada para a Armênia pelo apóstolo Judas Tadeu. Conservada com outras relíquias, atualmente está exposta no tesouro de Echmiadzin.

A história de São Simão e de São Judas Tadeu fala de certo Abdias, hebreu e companheiro dos apóstolos, que foi consagrado Bispo da Babilônia e escreveu os prodigiosos trabalhos realizados por estes santos.

Segundo Abdias, os missionários apostólicos entraram na Pérsia quando Baradac, general dos exércitos babilônicos, saía em guerra contra os indianos invasores. Baradac consultou seus adivinhos sobre o resultado de seu empreendimento bélico, mas os demônios, diante da presença dos santos apóstolos, emudeceram. Baradac mandou, então, que trouxessem à sua presença os santos varões; estes deram licença aos demônios para que falassem através de seus ministros, que, por sua vez, garantiram que a guerra seria longa e cruel. Tomando a palavra, nossos santos disseram ao general: "Tudo isso é mentira. Não tens por que temer, amanhã à hora de terça virão os embaixadores dos indianos para pedir a paz e entregar-se em tuas mãos".

A predição dos discípulos de Cristo foi cumprida pontualmente e o general quis matar, então, os sacerdotes pagãos, mas isso foi evitado pelos apóstolos: "Não viemos a este reino para tirar a vida de ninguém, e sim para dar a vida a muitos".

Deixaram Baradac e o rei muito impressionados e, então, autorizaram os missionários a pregar o Evangelho de Jesus em todo o reino. Com seu discurso inflamado, sua vida exemplar e grandes milagres – entre outros o de transformar tigres ferozes, que aterrorizavam a comarca, em mansos cordeiros –, obtiveram inúmeras conversões. O próprio rei, sua corte e Baradac receberam o Batismo cristão.

Continuando com suas tarefas apostólicas, Judas Tadeu percorreu diversas regiões, tendo sofrido cruéis perseguições em algumas delas. Mas isso não o impediu de realizar numerosos prodígios e que, com sua pregação, transformasse centenas de pessoas, atraindo-as ao cristianismo.

Entre elas, conta-se o caso de Abgar, príncipe de Edessa, Síria. Judas Tadeu o curou, posto que padecia de uma doença incurável. Agradecido, o governante quis recompensar o santo com ouro e prata, mas ele recusou dizendo-lhe: "Se deixamos nossos bens, como receberemos os bens alheios?".

Abgar ficou admirado ao constatar tão grande menosprezo às riquezas em um homem que parecia pobre, e foi o motivo para que desejasse receber o Batismo, não duvidando de que, quem menosprezava tantas riquezas, pregava a verdade.

Abgar V Ukhamn, rei de Edessa[2]

Eu sou Abgar[3] e reino com grande glória sobre as nações do além do Eufrates. Há alguns anos, estava padecendo de uma doença incurável e, após ouvir a fama do poder e os milagres de Jesus, decidi escrever-lhe, reconhecendo sua divindade, clamando por sua ajuda e oferecendo-lhe asilo em minha própria residência. Jesus respondeu a minha carta,[4]

---

[2] Esta lenda não deixa de ser uma história de grande ternura, mas impossível de verificar. O certo é que a história do Santo Sudário inicia dessa maneira seu percurso por várias regiões até a chegada a Turim (Itália).

[3] Edessa, atual Urfa, na Turquia, é o nome histórico de uma cidade do norte da Mesopotâmia que chegou a ser a capital do reino de Osroene, sob o mandato da dinastia Abgar. Esse reino foi estabelecido por Nabataen ou pelas tribos arábicas do norte da Arábia e durou quatro séculos (132 a.C. a 244 d.C.), chegando a ter 34 reis. A cronologia da história de Edessa situa o rei Abgar V entre os anos 9 e 46 da era cristã. Abgar Veliamo, conhecido como o Negro, era contemporâneo de Augusto e de Tibério, e foi o *décimo-quarto rei de Edessa*, da dinastia dos Arsácidas. O nome de Abgar (em armênio, *Awghaír*) significava "alto" ou "poderoso", e era um dos títulos dos reis de Edessa. O último, Abgar Bar-Muanu, que era cristão, reinou de 200 a 216 de nossa era.

[4] *Egéria*, a famosa peregrina espanhola, que visitou a Palestina no século III, conta em seu Diário que, quando esteve em Edessa, teve em suas mãos uma carta do rei Abgar dirigida a Jesus. E *São Eusébio de Cesareia*, o melhor historiador dos primeiros anos do cristianismo, garante que viu pessoalmente essa carta nos arquivos de Edessa, e diz que ele a traduziu ao grego.
A resposta de Jesus Cristo a Abgar foi declarada apócrifa pelo *Concílio de Roma de 494*. *São Carlos Borromeu* não considerou artigo de fé nem a lenda do Santo Véu de Verônica, nem a que supõe que o próprio Jesus Cristo enviou seu retrato com uma carta a Abgar, príncipe de Edessa.

mandando-me notícias de que me enviaria um de seus discípulos que, ao mesmo tempo, me traria, com seu retrato, a saúde do corpo e da alma. Minha carta dizia assim:

> Abgar a Jesus, o Bom Médico, que apareceu no território de Jerusalém, saudações:
>
> Soube de vós e de vossa sanação; que vós não usais medicamentos ou raízes, mas por vossa palavra abris os olhos dos cegos, fazeis que os paralíticos caminhem, limpais os leprosos, fazeis com que os surdos ouçam; como por vossa palavra também curais espíritos enfermos e aqueles atormentados por demônios lunáticos, e como, de novo, ressuscitais os mortos à vida. E, ao dar-me conta das maravilhas que vós fazeis, me dei conta de duas coisas: ou viestes do céu, ou se não, sois o Filho de Deus, que faz com que aconteçam todas estas coisas. Também percebo que os judeus murmuram contra vós e vós perseguem, que procuram crucificar-vos e destruir-vos. Possuo somente uma pequena cidade, mas é bela e suficientemente grande para que nós dois vivamos em paz.

Quando Jesus recebeu a carta, disse a Hanán, o meu secretário:[5]

[5] Em 1878, em São Petersburgo (Rússia), foi descoberto um manuscrito siríaco do século VI que assegurava explicitamente ser uma cópia fiel de um original antigo que se encontrava nos arquivos reais de Edessa. Estes relatos aparecem narrados nesse manuscrito conhecido como *Doctrina de Addai.*

Ide e dizei a vosso amo, que vos enviou a mim: "Felizes aqueles que creem sem ter visto, porque está escrito de mim que aqueles que me veem não crerão em mim e que aqueles que não me veem crerão em mim. Quanto ao que escrevestes, que deveria ir a vós, (eis que) tudo para o que fui enviado já está concluído, e subo de novo a meu Pai que me enviou, e quando haja ascendido a Ele, vos enviarei um dos meus discípulos. Ele sanará todos os vossos sofrimentos e vos dará novamente a saúde, e converterá todos os que estão convosco à vida eterna. E vossa cidade será abençoada para sempre, e o inimigo nunca prevalecerá sobre ela".

Depois, soube as seguintes notícias que me chegaram, no que os cristãos chamam de "Evangelho". Assim narra um dos seus, chamado Lucas: que um tal "José de Arimateia, indo procurar Pilatos, pediu o corpo de Jesus e descendo-o, envolveu-o num lençol e colocou-o numa tumba talhada na pedra, onde ninguém ainda havia sido posto" (23,52-53). Este sudário, depois da ressurreição de Cristo, foi conservado pelos cristãos como uma relíquia sagrada.[6]

[6] São João Damasceno nos dá outra versão da lenda de Abgar: "Desejando ver e ouvir Jesus Cristo, o rei de Edessa enviou-lhe uma mensagem para implorar que visitasse seu reino. No caso de que não pudesse ou não quisesse ir, o rei havia encarregado ao mensageiro que pedisse ao Messias seu retrato. Para satisfazer essa curiosidade piedosa, Cristo tomou um pano de linho, o desdobrou diante de seu rosto e, somente com este ato, transmitiu nele a fiel expressão de seu semblante". Há também uma terceira variante: "Abgar

Seu martírio na Pérsia

Posteriormente, Judas Tadeu, transitando por numerosos caminhos junto com o apóstolo Simão, chegou à Pérsia. Judas percorreu todo o território, pregou corrigindo os vícios e erros e conseguiu converter a maioria. Ergueu capelas que o povo frequentava para rezar e escutar os apóstolos. Tudo isso provocou a inveja e o ódio dos idólatras, que decidiram se adiantar aos apóstolos em sua peregrinação à próxima cidade, Suanis.

Dois homens que faziam magia e idolatria foram também a Suanis. Ali viviam setenta pontífices dos ídolos e se dedicaram a predispor os habitantes contra os apóstolos, incitando-os a que, quando viessem pregar sua religião, os matassem caso se negassem a oferecer sacrifícios em honra dos deuses.

E, realmente, quando Simão e Judas chegaram à cidade, muitos se lançaram sobre eles, prenderam-nos e levaram-nos a um templo dedicado ao sol; mas, assim que os prisioneiros penetraram no recinto, os demônios começa-

não envia a Cristo um mensageiro, e sim um pintor para fazer seu retrato. O artista procura em vão executar as ordens de seu senhor, porque o brilho deslumbrante do rosto do Salvador o perturba e confunde, mas Nosso Senhor, compadecido dele e de seu amo, põe o manto sobre o próprio rosto, que assim fica impresso no tecido. O pintor leva o manto a Abgar, sendo esta a imagem que Leão, leitor da Igreja de Constantinopla, assegurava – diante dos padres do Concílio de Niceia – ter visto na cidade de Edessa".

ram a dizer: "O que vêm fazer aqui, apóstolos do Deus Vivo? Sabem muito bem que entre nós e vocês não há nada em comum. Desde que chegaram a Suanis, sentimo-nos abrasados por um fogo insuportável".

Em seguida, apareceu ante Judas e Simão um anjo do Senhor e lhes disse: "Escolham entre estas duas coisas a que desejarem: ou que toda esta gente morra agora mesmo, repentinamente, ou o martírio para vocês".

Os apóstolos responderam: "A escolha já está feita. Pedimos a Deus misericordioso uma dupla graça: que conceda a esta cidade o benefício de sua conversão e, a nós, a honra de morrer mártires".

A seguir, Simão e Judas rogaram à multidão que ficasse em silêncio e, quando todos estavam calados, eles disseram: "Para demonstrar-lhes que estes ídolos não são deuses, e que no interior deles existem demônios escondidos, vamos ordenar que os maus espíritos saiam imediatamente das imagens em que permanecem escondidos, e que cada um deles destrua a estátua que até agora tinha lhe servido de esconderijo".

Em seguida, os apóstolos deram a ordem anunciada e, naquele mesmo momento, das duas estátuas que havia no templo saíram indivíduos horrendos que na presença dos assistentes destroçaram as imagens de cujo interior saíram, e rapidamente escaparam dali com vozes e gritos. Enquanto isso, as pessoas, impressionadas pelo que acabavam de ver, permaneciam mudas de assombro. Os pontífices pagãos, irritados, lançaram-se contra os dois apóstolos e os dilaceraram.

No exato momento em que Judas Tadeu e Simão morreram, o céu, que até então havia estado sereno e completamente límpido, cobriu-se repentinamente de grandes nuvens e caiu uma terrível tormenta que derrubou o templo, aniquilando os magos.

Quando o rei Abgar recebeu a notícia de que Simão e Judas haviam sido martirizados, recolheu seus cadáveres e os levou à capital do reino, dando-lhes sepultura numa magnífica e suntuosa igreja que mandou construir em homenagem aos dois santos.[7]

---

[7] A iconografia representa tradicionalmente o apóstolo São Judas Tadeu com *uma imagem de Cristo no peito*, devido a seu parentesco com o Senhor, de quem a tradição conta que era muito parecido. Também está representado com uma marreta, pois, segundo a tradição, foi assassinado com esse instrumento através de um golpe na cabeça, que logo seria cortada com um machado; por isso também aparece com um machado na mão. O *bastão* simboliza seu episcopado. A *chama* sobre sua cabeça nos recorda de que recebeu o Espírito Santo no dia de Pentecostes.

II.

A devoção a São Judas Tadeu

1. A devoção a São Judas Tadeu no mundo

Brasil

Paróquia Santuário São Judas Tadeu – São Paulo[*]

A paróquia de São Judas Tadeu foi criada em 25 de janeiro de 1940, por decreto expedido por Dom José Gaspar de A. Fonseca e Silva, arcebispo metropolitano de São Paulo. Um salão, na Avenida Felício Fagundes, foi alugado e transformado em capela, onde eram celebradas as missas e os demais sacramentos. A nova paróquia foi confiada à Província brasileira meridional dos sacerdotes do Sagrado Coração de Jesus (dehonianos). Em 17 de março de 1940, Pe. João Buescher tomou posse como primeiro pároco da nova paróquia de São Judas Tadeu Apóstolo.

Naquela época Judas Tadeu era um santo desconhecido. O pároco Pe. João Buescher, passou, então, a divulgar sua história para a comunidade. Mandou fazer muitos impressos com a imagem e a oração do Santo e distribuía-os nos pontos de ônibus, nos bondes, na Praça da Sé e nas visitas às famílias.

---

* Texto retirado do site oficial da Paróquia. Disponível em: <http://www.saojudas.org.br/>. (N.E.)

Padre João Buescher mandou esculpir uma imagem de São Judas em madeira, mas o escultor ficou doente, e como a festa do padroeiro estava próxima, a imagem acabou sendo fundida em gesso. É a que se tornou oficial na igreja do Jabaquara. O extraordinário aumento da afluência dos devotos trouxe a necessidade de uma nova igreja. Em janeiro de 1963, sacerdotes, paroquianos e devotos iniciaram a nova construção, conhecida, hoje, como igreja nova. Esse novo templo é de linhas modernas, amplo e funcional. Internamente, apresenta forma circular inscrita num quadrado, tendo sua cúpula 22 metros. Em 1980, na festa dos 40 anos do Santuário, o novo templo já estava equipado com som, pintura e iluminação. O ritmo arquitetônico e a sobriedade das linhas da igreja nova conduzem espontaneamente para o que deve ser o centro de uma igreja: o altar do sacrifício.

Foi o povo que deu a São Judas o título de “O Santo dos desesperados”, expressão de devoção e confiança. Essa religiosidade traz pessoas de todos os cantos da grande São Paulo para o bairro do Jabaquara. Mas também de outras cidades chegam devotos até o santuário. A caminhada da devoção, inicialmente centrada no indivíduo, embora lenta, vai abrindo o devoto para uma visão mais comunitária da religião e do compromisso com os irmãos.

A primeira festa para o Santo Padroeiro foi celebrada no dia 28 de outubro de 1940. Com o apoio da comunidade e o incentivo do primeiro pároco, já no ano seguinte, ela passou a acontecer no dia 28 de cada mês. A Paróquia/Santuário de São Judas Tadeu recebe todos os meses, no dia 28, cerca de 60 mil devotos. Mas é em outubro a grande festa de São Judas Tadeu, quando a concentração de fiéis explode no Jabaquara. Mais de 250 mil pessoas visitam o Santuário nesse dia. É uma festa essencialmente religiosa em que os devotos vêm pedir e agradecer ao Santo de sua devoção.

Para o povo é a festa de seu Santo milagroso, o Santo das causas impossíveis, o poderoso intercessor, amigo, apóstolo e parente de Jesus Cristo, nosso Salvador.[**]

Espanha

São muitos os lugares da Espanha em que São Judas Tadeu é venerado, apesar de não ter nenhum templo dedicado exclusivamente a sua veneração. Madri conta, no distrito de Usera, com a Paróquia de São Simão e São Judas. Assim também, Alcalá de la Selva, pitoresca cidadezinha de Teruel, conserva como verdadeira joia uma monumental igreja paroquial do século XVI, dedicada aos santos apóstolos.

** Fonte: http://www.saojudas.org.br/.

No século XVII, foi edificada a ermida de São Judas Tadeu, em Soto de la Marina, localidade cantábrica no município de Santa Cruz de Bezana. Foi construída pelos moradores de Soto y Sancibrián como agradecimento ao Santo por ser seu intercessor na peste de 1597. Então, eles o proclamaram seu patrono e advogado e lhe fizeram um voto que ainda hoje, todos os anos, no dia 11 de setembro, em nome de todos os cidadãos de sua cidadezinha e do município vizinho, é renovado pelo prefeito atual de Soto de la Marina.

Além disso, praticamente em todas as catedrais e em muitas igrejas podemos encontrar São Judas junto com os demais apóstolos: povoados com nove habitantes, como Valpuesta (Burgos), que conta em sua Colegiata de Santa Maria com um imponente retábulo em que figura um conjunto de talhas muito expressivas dos doze apóstolos.[1] Ou grandes cidades como Jerez, em cuja catedral, procedente de sua cartuxa, está o esplêndido apostolado do escultor flamengo José de Arce (segundo os entendidos, a imagem de São Judas é uma das melhores).

É impressionante o gesto de São Judas Tadeu no grandioso grupo escultórico da "Ceia"

[1] O retábulo está datado na primeira metade do século XVI (a talhas são renascentistas, com influência flamenga) e foi atribuído a Felipe Bigarny ou a um artista de sua escola. Valpuesta é considerada, junto com San Millán de la Cogolla, o berço do castelhano.

do notável escultor murciano Francisco Salzillo, do século XVIII, que cada manhã da Sexta-Feira da Paixão, ao passar em procissão pelas ruas de Múrcia, encanta os milhares de visitantes. E, em tempos mais próximos, o apostolado nas torres do famoso Templo Expiatório da Sagrada Família, em Barcelona, de Antonio Gaudí.[2]

Também são famosos os chamados *apostolados*: trata-se de uma série de 13 quadros em que se representa, de maneira individual, Jesus Cristo e seus doze apóstolos. Na sacristia da Santa Igreja Catedral Primada de Toledo, encontramos o apostolado do El Greco, com certeza a melhor coleção das quatro que, sobre as imagens dos apóstolos, realizou o cretense e, sem dúvida, uma das melhores feitas com pincel.

---

[2] As quatro torres ou campanários da Sagrada Família, iniciadas em 1903, são de planta quadrada em sua base e passam a ser cilíndricas quando chegam à quarta parte de sua altura, 107 metros as duas centrais e 98 metros as exteriores. Estão dedicadas aos apóstolos São Barnabé, São Simão, *São Judas Tadeu* e São Matias, e foram elaboradas pelo escultor Llorenç Matamala i Piñol. Cada um deles está representado sentado e colocado no ponto em que as torres passam da estrutura quadrada à circular, o que permite fazer, nos espaços triangulares resultantes, umas sacadas que servem de base. Nos terminais, aparecem os atributos dos bispos: o báculo, a mitra, o anel e a cruz, além da inicial de cada apóstolo, realizados em *trencadís* (mosaico de azulejos) coloridos. Estas torres funcionam como campanários e contêm um total de 60 sinos, comuns e tubulares. Gaudí realizou estudos intrincados de acústica para conseguir uma perfeita sonoridade.

Em alguns outros apostolados, denominados os *doze quadros do Credo*, os autores colocam um cartão sobre o apóstolo ou é sustentado por ele em suas mãos, com uma frase do Credo definida por cada um dos apóstolos; assim aparece, por exemplo, na série do pintor barroco Cristóbal García Salmerón, ou na igreja das santas Justa e Rufina de Maluenda (Zaragoza), cujo retábulo maior, do século XV, conta com doze cabeças dos apóstolos com os versículos do Credo.

Talvez ainda no IV século tenha nascido a narrativa sobre a origem apostólica do *Símbolo dos Apóstolos*, segundo a qual os doze artigos em que o Credo está dividido foram proclamados por cada um dos doze apóstolos. Esta história responde certamente a uma verdade, pois o Credo apostólico representa o autêntico eco da fé da Igreja primitiva, que, por sua vez, é um fiel reflexo do Novo Testamento. A nosso São Judas[3] professa a fé na *ressurreição da carne*,

---

[3] A afirmação de que cada um dos Apóstolos compôs um dos artigos do Símbolo é encontrada pela primeira vez no século VI e prevaleceu durante toda a Idade Média. Trata-se de um sermão do Pseudo-Agostinho que explica assim sua origem: "Pedro disse: Creio em Deus Pai todo-poderoso, criador do céu e da terra..." André disse: "E em Jesus Cristo, seu único Filho, nosso Senhor...", e assim, iluminados pelo Espírito Santo, cada Apóstolo foi contribuindo com um dos doze artigos.
São Pedro: "Credo in Deum Patrem omnipotentem, Creatorem caeli et terrae".
Santo André: "et in Iesum Christum, Filium Eius unicum, Dominum nostrum".

isto é, na verdadeira ressurreição desta carne que agora possuímos (*Catecismo da Igreja Católica*, 1017).

Finalmente, no coro alto da Catedral de Toledo, composto de setenta e dois assentos, encontramos outro apostolado esculpido em madeira, obra do mestre Alonso de Berruguete.

Contudo, não nos entretenhamos mais. Vamos fazer um breve passeio pela Espanha para conhecer onde se venera de maneira especial o santo apóstolo Judas Tadeu. Comecemos por Andaluzia.

Sevilha guarda, num rincão da rua Alfonso XII, no número 3, uma pequena talha de São Judas Tadeu. Encontra-se no interior da Real Igreja de San Antonio Abad (sede da Irmandade do Silêncio) e, segundo alguns, é o santo de maior devoção entre os sevilhanos, inclusive o chamam de *advogado de Sevilha*.

São Tiago, o Maior: "qui conceptus est de Spiritu Sancto, natus ex Maria Virgine".
São João: "passus sub Pontio Pilato, crucifixus, mortuus, et sepultus".
São Tomé: "descendit ad ínferos, tertia die resurrexit a mortuis".
São Tiago, o Menor: "ascendit ad caelos, sedet ad dexteram Dei Patris omnipotentis".
São Filipe: "inde venturus est iudicare vivos et mortuos".
São Bartolomeu: "Credo in Spiritum Sanctum".
São Mateus: "sanctam Ecclesiam catholicam, sanctorum communionem".
São Simão: "remissionem peccatorum".
São Judas Tadeu: "carnis resurrectionem".
São Matias: "et vitam aeternam. Amen".

Também em Sevilha, na Igreja de Santiago,[4] uma das mais antigas da cidade de Guadalquivir, na nave esquerda há um belo retábulo de meados do século XVIII, dedicado a São José, diante do qual foi recentemente exposta ao culto uma imagem pequena de São Judas Tadeu. Aos pés dessa imagem, amontoam-se as intenções e as esmolas dos paroquianos.

Em Madri, podemos nos aproximar ao número 6 da rua Atocha, para visitar a Paróquia de Santa Cruz. Ela é uma das mais castiças da capital da Espanha, e aí têm sua sede algumas das irmandades mais antigas da velha Madri, como a de Santo Antônio de Pádua "el Guindero" ou a da *Virgen de los Siete Dolores*, trazida de Flandes pelo rei Felipe, o Belo, e cuja congregação foi fundada por seu neto Felipe II, em 1590. Aqui se venera com especial devoção o Santo Apóstolo. Todas as quartas-feiras do ano, uma grande quantidade de madrilenos fazem longas filas no templo e na rua para rezar diante da imagem de São Judas.

Na Basílica de Nossa Senhora do Pilar, em Zaragoza, na Capela de Santo Agostinho (conhecida como paróquia do Pilar) existe uma imagem de São Judas atribuída ao santeiro barroco Juan Ramírez de Mejandre, que

---

[4] Criada pelo rei Fernando III, esta igreja – segundo uma tradição – ocupa o lugar onde antes esteve a casa do apóstolo Tiago, quando visitou a Espanha para pregar o Evangelho.

desfruta de uma grande devoção por parte dos zaragozanos.[5]

Entre as confrarias dedicadas ao santo, a mais importante é a *Confraria de São Judas Tadeu*, cuja imagem se venera na catedral de Santa Maria de Calahorra, sede da diocese de Calahorra y La Calzada-Logroño. Ou, também, a criada recentemente em Isla Cristina (Huelva) como *Associação Paroquial do Santo Apóstolo Judas Tadeu e Nossa Senhora de Fátima*, na paróquia de Nuestra Señora del Mar.

Unidas às celebrações da Semana Santa, são frequentes as confrarias e irmandades que veneram o santo, junto às estações da via--sacra. Por exemplo, na cidade de Cáceres, a Confraria *Sacramental Eucarística de la Sagrada Cena y de Nuestra Señora del Sagrario* celebra todos os anos, em homenagem a São Judas Tadeu, um solene novenário, entre 20 e 28 de outubro, na paróquia de Santiago. Assim como a Santa Missa todos os dias 28 de cada mês. A escultura é do famoso escultor sevilhano Antonio Joaquín Dubé de Luque e foi uma das primeiras imagens que faziam parte do corpo central da estação, em 1997.

Também em Extremadura, porém na paróquia de San José de Mérida, tem sua sede ca-

---

[5] O sacerdote Juan Gasca Saló contribuiu enormemente para difundir a devoção do santo Apóstolo, com seu livro *El apóstol olvidado: San Judas Tadeo* (3. ed. Zaragoza, 1990).

nônica a Irmandade e Confraria de la Sagrada Cena y Ntra. Sra. del Patrocinio. Ali se celebra um tríduo a São Judas, nos dias 26, 27 e 28 de outubro, e realiza-se o tradicional beija-pé da imagem, coincidindo com seu culto mensal.

Em Orihuela (Alicante), conserva-se a escultura de São Judas Tadeu que o grande escultor murciano Francisco Salzillo esculpiu no ano de 1777, na Congregação de Nuestra Señora del Pilar, sediada na ermida de la Santa Cruz, na rua Crevillente – atual Bairro Novo – da cidade. Em 1792, o altar-mor da ermida estava dedicado a São Judas Tadeu, já que, desde sua fundação, em 1524, essa igreja estava sob a proteção da Santa Cruz, São Judas Tadeu e Santa Tecla. Em 27 de março de 1777, junto ao *Cristo del Ecce-Homo*, também do mestre Salzillo, figurou na estação "O Pretório e a Casa de Pilatos". As vezes que a estátua do apóstolo saiu foi para substituir o papel de Pilatos, até que, em 1942, decidiram fazer uma escultura que realmente representasse o governador da Judeia.[6] Muito deteriorada pelo passar dos anos, em 2004 determinou-se sua restauração. Atualmente tem um altar próprio na Igreja das Santas Justa e Rufina, para que possa atender todos os que chegam com causas difíceis, impossíveis ou desesperadas, para rogar por eles.

---

[6] Esta curiosa história da escultura está narrada, de forma engenhosa, com o título "Eu prefiro ser São Judas Tadeu a ser Pilatos", no website da Confraria *Ecce Homo* de Orihuela (Alicante).

Em 2005, a *Confraria do Santíssimo Cristo da Flagelação*, de Torrevieja (Alicante), encarregou ao escultor local, Víctor García Villalgordo, uma imagem de São Judas Tadeu, pois vários membros da confraria são fiéis devotos do apóstolo. A confraria, que sai em procissões desde 1981, o faz com um flagelado do ateliê El Arte Cristiano de Olot (Gerona). Desde a Semana Santa de 2009, o São Judas sai em procissão na capela do trono. A imagem, de barro cozido, com estofas de ouro, recebe culto durante todo o ano, aos pés do Cristo da Flagelação, em seu altar da paróquia arciprestal da Imaculada Conceição.

Irã

Mosteiro de São Tadeu de Artaz

O Mosteiro de São Tadeu (Artazi Sourb T'adei vank') ergue-se no lugar onde, segundo a tradição, o apóstolo Judas Tadeu foi martirizado, no século I da era cristã. Domina, majestosa e solitária, a paisagem lunar do vale de Maku, a partir de um promontório de 2.200 metros de altura, onde se crê que São Gregório Iluminador, padre da Igreja armênia, fundou um lugar de culto, no século IV. Encontramo-nos muito perto da fronteira da Armênia, mas no território do Irã. O verão atrai, todos os anos, milhares de peregrinos.

A história nos conta que o mosteiro de São Tadeu sediou uma das dioceses da Igreja armênia[7] no século X, que foi invadido pelos mongóis no século XIII e que, um século mais tarde, caiu em mãos dos Unionistas, favoráveis à união da Igreja armênia com a de Roma; foi saqueado pela dinastia persa dos Qadjar, no final da década de 1700 e, por último, tornou-se centro de resistência contra os otomanos, a princípios do século XX.

Constitui um testemunho extraordinário da cultura armênia nessa região, que foi, além de uma das mais florescentes e cobiçadas nessa parte do mundo, uma das mais férteis em intercâmbios culturais. Isto explica a impressionante mistura de estilos das duas igrejas do Mosteiro de São Tadeu: a "igreja negra", de época medieval, e a "igreja branca", construída no século XIX. Por tudo isso, em julho de 2008, o mosteiro de São Tadeu foi incluído pela Unesco na lista do Patrimônio da Humanidade.

Atualmente, só se celebra um serviço religioso por ano, coincidindo com o dia de São Judas Tadeu, em princípios de julho, e

[7] Para os armênios, o apóstolo Judas Tadeu, depois de passar pela cidade de Odessa (Urfa), chega à Armênia entre os anos 35 e 43. Através da pregação de São Judas Tadeu, muitos armênios converteram-se ao cristianismo, entre eles também Sandujt, a filha do rei Sanatruk dos armênios. O rei pagão começa a perseguir e manda matar, depois de muitas torturas, sua filha e o apóstolo Tadeu, junto com muitos outros crentes convertidos. Assim, Sandujt foi a primeira mártir armênia. A tradição latina situa o martírio de Judas Tadeu muito mais tarde; se não fosse assim, seria impossível sua presença em Jerusalém no ano 50 e a autoria de sua epístola.

conta com a participação de peregrinos armênios que procedem de todo o Irã. Desde o estabelecimento da República Islâmica do Irã, os cristãos têm licença para entrar na igreja durante as celebrações.

Inglaterra

Santuário de São Judas em Faversham, Kent

A paróquia de Nossa Senhora do Monte Carmelo encontra-se na arquidiocese de Southwark e foi construída originalmente como uma escola, pelos proprietários das fábricas de pólvora, para seus filhos e para os filhos dos trabalhadores. Faversham era o berço dos explosivos no Reino Unido. Mais tarde, a escola se transformou no Cinema Império.

As carmelitas se encarregaram de criar a paróquia em 1926; adquiriram o terreno e consagraram a igreja em 1937. Uma série de artistas bem conhecidos naquele tempo foram escolhidos para decorar a igreja e, mais tarde, o Santuário de São Judas, que foi construído em 1955.

A partir daí, os peregrinos chegam de todo o mundo para visitar e rezar nesse pequeno santuário. Embora o edifício não se destaque por sua arquitetura, o que o engrandece são as orações das centenas de peregrinos que chegam para venerar São Judas Tadeu.

A imagem de São Judas de Faversham tem uma simples mas providencial história. Um homem escreveu à paróquia para explicar que sua mulher estava muito deprimida e aflita porque seu filho havia desaparecido no mar, nos dias da Segunda Guerra Mundial. Pedia que rezassem a São Judas para que Deus desse paciência a sua esposa, além de resignação e fortaleza. Assim fez o padre Elias Lynch, na ocasião pároco, que foi o grande promotor do santuário. Na resposta, o carmelita atreveu-se a expor que não tinham uma boa imagem de São Judas. O homem escreveu de novo para dizer que tinha visto uma, em uma loja de antiguidades em Londres; tratava-se de uma escultura em madeira, espanhola, do século XVI. E, ingenuamente, perguntava: "Poderíamos, minha mulher e eu, doá-la à sua igreja?". "Certamente!", respondeu o pároco na resposta por correio. Era uma imagem única: o porte exterior podia ser de qualquer um dos apóstolos, com seu bastão de peregrino, mas a veste era como de um mongol. A talha tinha sido cuidadosamente trabalhada. O doador só pediu que se colocasse uma pequena inscrição solicitando orações por seu filho perdido no mar. O padre Elias lhe disse que ainda era muito cedo, que esperasse um pouco mais. De fato, dez semanas mais tarde o filho apareceu como prisioneiro de guerra capturado num ataque alemão. Já não era preciso gravar a inscrição.

Estados Unidos

Santuário dos Dominicanos, em São Francisco

Em 1935, o padre dominicano Leonardo Callahan, quarto Prior Provincial da Província do Santíssimo Nome de Jesus, pediu ao padre Guilherme Lewis que iniciasse a propaganda para ampliar a devoção a São Judas Tadeu, na capela da Santíssima Virgem, durante o mês de outubro, dedicado também a Nossa Senhora do Rosário. Assim o fez o dominicano, com muito entusiasmo, e foram multiplicando-se os devotos do santo apóstolo.

O padre Thomas McElhatton, o.p., em 1953, mudou a imagem do apóstolo de lugar, criando-lhe sua própria capela. Durante o provincialado do padre José Fulton, o padre Patricio D. Kane, o.p., foi nomeado diretor do Santuário de São Judas. Sob sua cuidadosa direção estendeu-se rapidamente a devoção ao apóstolo, tornando-se uma das devoções mais populares até os dias atuais em São Francisco, que é a quarta cidade mais populosa do estado da Califórnia.

Santuário dos Dominicanos, em Chicago

A capela-santuário de São Judas Tadeu foi construída em 1929, pelos padres dominicanos da Província de São Alberto Magno, em Chicago (EUA). Foi em 1926, quando o padre dominicano William Marchant, primeiro pároco da paróquia de São Pio V, em Chicago, e grande devoto de São Judas Tadeu, construiu a capela, inaugurada em 20 de outubro de 1929.

Originalmente, foi construído um altar simples com uma imagem de São Judas de quase 2 metros de altura. Em 1939, o nicho e o altar foram remodelados com mármore verde italiano, e o fundo do nicho com mosaicos venezianos. Por ocasião do vigésimo aniversário, foi construída a atual capela-santuário. Todo o fundo é uma peça de mármore italiano. O corpo central está ocupado pela estátua do apóstolo São Judas Tadeu, com o olhar dirigido ao conjunto escultórico, o qual o escultor denomina "os Povos do Mundo": um trabalhador, uma mãe com seu bebê, um empresário, uma jovem, uma enfermeira, um médico, um frade e uma freira dominicanos.

Em 1999, em comemoração ao 70º aniversário do santuário, a relíquia do braço de São Judas, autenticada no século XVIII, foi colocada em exposição permanente na capela. Essa relíquia, em um relicário de prata fina, tem a forma de uma mão que abençoa. Trata-se de um presente dos dominicanos que evangelizaram a Turquia, depois de serem expulsos da Armênia, o lugar onde, segundo os armênios, morreu o apóstolo. Essa relíquia é, possivelmente, a de maior tamanho que existe dos apóstolos, nos Estados Unidos.

Embora o santuário tenha sido fundado pela devoção de um sacerdote dominicano, continua florescendo pela devoção de muitos fiéis. Cada dia, cerca de 200 pessoas visitam o Santuário, pedindo a ajuda de São Judas para resolver suas dificuldades, ou exprimindo sua gratidão pelas graças recebidas. Cada semana, são recebidas mais de duas mil petições de pessoas que procuram ajuda para seus problemas.

O Santuário encontra-se na paróquia de São Pio V. 1909 South Ashland Avenue. Chicago, Illinois 60608.

Santuário dos Missionários Claretianos, em Chicago

O Santuário Nacional de São Judas foi fundado pelos missionários claretianos, através do padre James Tort, no tempo em que era pároco da igreja de Nossa Senhora de Guadalupe. Muitos dos membros da paróquia naquele tempo eram imigrantes hispano-americanos que trabalhavam nas fábricas próximas, muitas das quais demitiram muitos trabalhadores no começo de 1929. O corte de empregos foi consequência da depressão econômica que começou com a queda do mercado de valores de Wall Street, em outubro desse mesmo ano.

O padre Tort viu a desesperada situação dos trabalhadores de sua paróquia e de seus familiares, mais de 90% dos quais foram demitidos sem sequer cobrar seu salário e em uma situação econômica muito difícil. Naquela época, o seguro desemprego e os benefícios da Seguridade Social ainda não existiam.

O claretiano via como as pessoas faziam longas filas para pedir comida nos refeitórios comunitários. Via as crianças mal alimentadas e seu coração começou a procurar alternativas e ajuda dos irmãos, católicos e não católicos. Rezou por sua gente e com sua gente. Ele havia começado a construção de uma igreja, mas o dinheiro era tão escasso que sentiu que deveria abandonar o projeto.

O padre Tort era devoto de São Judas Tadeu, que era relativamente desconhecido para a população católica daquele tempo. Segundo a história, durante a Idade Média existia uma grande devoção a São Judas, no entanto, talvez porque seu nome se confundisse com o do traidor, Judas Iscariotes, ao longo do tempo a devoção foi decrescendo até quase desaparecer.

Noite após noite, contudo, o claretiano continuava rogando a São Judas, pedindo sua intercessão; prometeu-lhe que, se pudesse terminar a igreja, construiria um santuário em sua homenagem. Em seu esforço por levantar os espíritos decaídos das pessoas de sua comunidade, começou uma novena contínua a São Judas Tadeu. A primeira novena em honra ao santo foi celebrada a partir de 17 de fevereiro de 1929.

Durante a Quaresma de 1929, o padre Tort notou que muitos de seus paroquianos rezavam diante da imagem de São Judas. Quando as estátuas foram cobertas com um pano roxo durante a Semana Santa (costume que existia na Igreja Católica antes do Concílio Vaticano II), o claretiano discretamente transferiu a de São Judas para um lugar destacado, próximo ao altar maior.

Os paroquianos de Nossa Senhora de Guadalupe deram uma resposta muito positiva à devoção de São Judas e o povo compareceu em massa à novena solene que concluiu no dia da festa do santo, 28 de outubro de 1929, um dia antes da queda da Bolsa. Mais de mil pessoas encheram a igreja para participar da novena.

Enfim, chegou algum dinheiro para a igreja, não o suficiente para garantir a segurança, mas sim para continuar com as obras espirituais e sociais da paróquia. Mais adiante, chegou a ajuda para completar a igreja, em que foi estabelecido um modesto santuário dedicado a São Judas.

A notícia da devoção a São Judas estendeu-se gradualmente desde o último rincão de Chicago até outras partes do país. Durante a depressão econômica da década de 1930 e durante a Segunda Guerra Mundial, milhares de homens, mulheres e crianças participaram das novenas do santuário e a devoção ao santo protetor dos casos desesperados estendeu-se por todas as partes.

Atualmente e devido ao fato de que a maioria dos devotos não pode assistir pessoalmente à novena no Santuário Nacional de São Judas (a novena começa em um sábado à tarde e termina nove dias depois, num domingo à noite), o escritório desse santuário envia por correio, ultimamente também através de sua excelente página na web, a novena aos devotos em todo o país, para que, quem desejar fazer as orações em sua casa ou em diferentes lugares, possa fazê-lo.

Até hoje, as cartas e os e-mails recebidos no Santuário Nacional de São Judas são testemunho de inspiração para os fiéis que se mantêm unidos a Deus, através das orações a São Judas.

O padre Joaquim de Prada, cmf, um dos sucessores do padre Tort na diretoria do Santuário, comentou uma vez: "O constante interesse por São Judas indica que a mão da Divina Providência está agindo. A transformação que São Judas tem realizado na vida espiritual de milhares de pessoas que seguem essa devoção é muito grande".

Santuário de São Judas Tadeu, em Baltimore (Maryland)

A Sociedade do Apostolado Católico (Padres e Irmãos Palotinos) é a encarregada, há mais de oitenta anos, do atendimento pastoral do Santuário de São Judas, localizado em Baltimore. Esse santuário foi confiado aos Palotinos, a pedido do arcebispo de Baltimore, em 1917. No início da Segunda Guerra Mundial, a devoção a São Judas estava alcançando proporções significativas e, por isso, decidiu-se estabelecer serviços regulares. Embora, a princípio, os atos litúrgicos estivessem destinados somente aos paroquianos mais próximos ao santuário, não passou muito tempo antes que o povo da cidade de Baltimore e, inclusive, dos subúrbios, em número crescente, começasse a chegar todas as quartas-feiras. Também devotos de muitos outros lugares vão ao santuário para rezar a São Judas.

Também aqui, diante da impossibilidade de dar assistência direta a pessoas de quase todos os Estados Unidos, existe um contato com esse santuário através do correio. Primeiro foi pelo correio tradicional e, hoje, por e-mail, enviando petições para serem atendidas no santuário. Cada ano, além da chamada novena perpétua que se reza todas as quartas-feiras, existe também a oração de três novenas solenes em homenagem a São Judas. Umas semanas antes de cada novena solene, um anúncio é enviado por correio aos amigos de São Judas, cujos nomes estão registrados no santuário. Desse modo, o verdadeiro "tesouro" do santuário são todas as cartas que reconhecem os favores recebidos através da poderosa intercessão de São Judas.

Porto Rico

Santuário de São Judas Tadeu, em Ponce

Inaugurado na cidade porto-riquenha de Ponce, em 1963, nasceu de um desejo dos padres Mercedários de promover e impulsionar sua evangelização redentora. Por esse motivo, quiseram fundar na ilha de Porto Rico um santuário dedicado a propagar a devoção a São Judas Tadeu.

O grande incentivador do santuário foi o religioso mercedário pe. Fidel de la Fuente, que, colocando todo seu empenho, vontade, amor e vida, primeiro criou uma associação de devotos de São Judas Tadeu, formada por sócios da Ilha e dos Estados Unidos. Para que esses devotos tivessem um ponto de união e um símbolo visível do carisma evangelizador e redentor do Apóstolo, foi edificado um grande santuário dentro dos termos da antiga Paróquia de la Merced. Uma ajuda muito generosa dos fiéis possibilitou a construção da obra.

O magno santuário foi inaugurado em 24 de fevereiro de 1963, sendo abençoado pelo então bispo de Ponce, Jaime E. McManus.

Cuba

Igreja paroquial de São Judas Tadeu, em Havana

A paróquia encontra-se no coração de Los Sitios, bairro multirracial com predomínio de mestiços e negros, entre as ruas San Nicolás, Rayo, Tenerife e Holguín, em pleno coração da cidade de Havana. Construída em 1854, é o centro da atividade católica das 89 quadras que a circundam. Contudo, entre as muitas curiosidades, sabe-se que desde finais da década de 1930 e até 1952 havia uma colônia de cristãos árabes que frequentava essa paróquia e era atendida por clérigos maronitas; inclusive, colocaram num dos altares uma escultura de São Maron.

Cada 28 de outubro, milhares de cubanos vão à pequena Paróquia de San Nicolás e San Judas Tadeo, no bairro popular de Havana, para oferecer e pagar promessas, ou para pedir-lhe um milagre devido a problemas de saúde ou trabalho. Nos arredores da paróquia não faltam os quiosques de vendedores que oferecem orações impressas, terços, imagens e variedades de estampas de diversos santos. Lá chegam muitas pessoas de povoados e de outras cidades cubanas, desde muito cedo. As petições a São Judas nessas latitudes são muito diversas: uma família chega para agradecer ao santo porque outra família muito amiga acaba de partir para os Estados Unidos. Outros expõem ao santo problemas complexos: mulheres abandonadas pelo marido, uma moça oferece o cabelo que cortou para pagar uma promessa, as grávidas para terem um bom parto, outros por problemas de moradia... Para muitos, São Judas Tadeu é o advogado das causas difíceis e desesperadas, mas – em Cuba – é também o patrono dos que conseguem vistos para viajar ao exterior.

México

Templo de São Hipólito e de São Judas Tadeu, na Cidade do México

O Templo de São Hipólito e São Cassiano, localizado no cruzamento do Paseo de la Reforma e da Avenida Hidalgo, é um lugar de grande transcendência histórica e cultural, e constitui um dos centros de peregrinação religiosa mais importantes da Cidade do México.

Esse templo foi edificado no lugar em que os espanhóis sofreram o maior número de baixas registradas durante a *Batalha da Noite Triste*, acontecida em 1º de julho de 1521, data em que os astecas infligiram uma derrota militar tão terrível às tropas espanholas, que elas estiveram a ponto de ser aniquiladas. Os sobreviventes fugiram pela Calzada de Tacuba (hoje Puente de Alvarado), até refugiar-se em um lugar conhecido como a "Árvore da Noite Triste", localizado a 4 km ao poente. Após a conquista de Tenochtitlán, no espaço hoje ocupado pelo Templo de São Hipólito, foi construída uma ermida em homenagem aos mortos na batalha. Em 1559, teve início a edificação de um templo de maior capacidade, dentro de um conjunto que incluísse também um hospício destinado a atender doentes mentais, e foi concluído no final do século XVII. Em 1892, o templo foi entregue aos Missionários Claretianos.

Além da riqueza arquitetônica do recinto, esse templo é conhecido pelos habitantes da cidade como o *Templo de São Judas Tadeu*, devido a que – nessa igreja – se encontra a imagem mais venerada desse santo e seu principal lugar de culto. De fato, embora sejam outros os titulares, em 1982 a imagem de São Judas foi colocada no altar-mor, por causa da devoção que despertou desde sua chegada, em 1958.

Esse santo é muito popular entre os mexicanos, que rezam para obter ajuda principalmente em caso de desemprego e problemas econômicos. A festa principal é celebrada em 28 de outubro, ocasião em que os arredores da igreja permanecem fechados diante da enorme quantidade de fiéis. Todavia, também no dia 28 de cada mês são celebradas missas em sua homenagem, com a presença de um grande número de pessoas. E assim, a devoção cresce e se multiplica de maneira importante: no dia 28 de cada mês, dependendo do dia da semana, os peregrinos são aproximadamente entre 50 mil e 70 mil. Outra estatística é a do dia da festa principal que, por exemplo, em 2009, registrou a cifra de 110 mil peregrinos procedentes de todo o estado do México. Cada semana, na celebração dominical, participam cerca de oito mil fiéis.

Como recorda a jornalista Letizia Espinoza, "nas barraquinhas podemos encontrar imagens de São Judas Tadeu de todos os tamanhos". Os peregrinos as compram e, em seus lares, são colocadas em pequenos altares, como exige a tradição mexicana. Cada 28 do mês, essas mesmas imagens voltam ao templo e nelas são pendurados colares e escapulários, prova da visita à igreja e dos milagres concedidos.

Os escapulários são utilizados para a proteção das pessoas em sua vida cotidiana; são encomendados ao *santo das causas difíceis* para que os protejam de assaltos, roubos e acidentes, e assim regressar a salvo a sua casa, numa cidade em que reina a insegurança.

No altar do templo, chamam a atenção as expressões denominadas "milagritos", que podem ser encontradas no lado esquerdo do altar, numa coluna chamada *milagrera*, onde uma estrutura se encontra cheia de cartas, escapulários, colares, brinquedos ou objetos das pessoas para quem se pede uma graça.

São principalmente os jovens que frequentemente vão ao templo, acompanhados de uma imagem de São Judas Tadeu, que carregam com o braço esquerdo, como se o abraçassem. Da sua própria casa até o templo, caminham ao lado de São Judas Tadeu e, às vezes, levam uma ânfora para recolher esmolas que serão oferecidas no altar do santo.

Além disso, não é raro ver que, ao longo do templo, crianças e adultos presenteiam balas em agradecimento a São Judas por tê-los socorrido em algumas de suas petições.

E, com certeza, algo que se destaca nessa cerimônia de grande tradição são aquelas imagens cobertas de terços e pulseiras, pois cada objeto tem um significado especial: as pulseiras vermelhas significam a solução a algum problema amoroso; as verdes, uma situação de desespero; e as brancas para a paz. São as cores da vestimenta de São Judas Tadeu.[8]

O certo é que tudo isso contribui para dar um toque festivo à cidade, mostra de sincretismo entre ritos indígenas e cristãos que ainda se encontram latentes no meio da agitada vida da capital mexicana.

Guatemala

Paróquia dos padres Mercedários, em Antigua

Para descobrir a veneração dos antiguenhos a São Judas Tadeu, basta ir qualquer

[8] ESPINOZA, Leticia. San Judas celebra dando bendiciones. Artigo publicado em 28 de outubro de 2009, no *Periódico Zócalo Saltillo*, que se publica em Saltillo, capital de Coahuila de Zaragoza (México). Antes, em 26 de outubro, publicou no mesmo diário "San Judas Tadeo: patrono de lo imposible". E, no dia seguinte, "San Judas Tadeo: pedimos por México".

quarta-feira do ano à Paróquia de Nuestra Señora de La Merced, e ver como centenas de velas e arranjos florais abarrotam seu altar. A devoção popular[9] tornou conhecida a valiosa pintura do apóstolo Judas Tadeu que pode ser vista em um altar dedicado especialmente ao santo, na nave lateral da igreja. Reproduz um gravado do artista barroco italiano João Batista Piazzeta (1682-1754). A tela pertence à série de pinturas da coleção do apostolado que está exposta nos muros da igreja, obra de José Valladares.[10]

E uma vez mais a tradição une-se às novas iniciativas, porque – depois de três séculos de veneração do famoso quadro de São Judas – foi em 25 de outubro de 2009 que, pela primeira vez, o quadro saiu em procissão. Segundo as crônicas, esse dia "passará à história de nossa Igreja da Guatemala, já que com o esforço dos irmãos deste templo tão emblemático do Centro Histórico pudemos viver a procissão na festividade de São Judas Tadeu, uma das devoções mais arraigadas na religiosidade popular de nosso povo".

Muito chamativa foi a utilização dos andores da procissão da Terça-Feira Santa, pois

---

9 PALOMO, Ricardo Toledo. Aportaciones del grabado europeo al arte en Guatemala. Tomo *Anales del Instituto de Investigaciones Estéticas* (35). México: Unam, 1966.

10 José Valladares, pintor e gravador do século XVIII, entregou aos frades de La Merced seu apostolado em 17 de junho de 1705.

são extremamente longos (com vinte pessoas de cada lado) e que saíram do templo sem nenhum adorno floral, uma vez que estava previsto que durante o percurso os devotos ofereceriam muitas flores. E, realmente, quando regressou ao templo estava repleto de flores, símbolo das orações e súplicas elevadas por todos os devotos que acompanharam São Judas durante a procissão.

Panamá

Paróquia de São Judas Tadeu, em Cidade do Panamá

A devoção ao Apóstolo Judas Tadeu na arquidiocese do Panamá não é um fato recente nem repentino. Na Catedral Metropolitana do Panamá tem-se notícia dessa devoção desde meados da década de 1930.

Ao falar da história dessa Paróquia, temos de mencionar os Jogos Olímpicos Centro-Americanos de 1969, em que, devido às necessidades de alojamento dos atletas participantes dos jogos, foram construídos conjuntos habitacionais ao redor do centro esportivo mais importante do país, no qual se encontram o hipódromo, a Piscina Pátria, o Estádio Revolução e o Ginásio Roberto Durán. Depois dos Jogos Centro-Americanos, essa parte da cidade começou a desenvolver-se rapidamente com a construção de grandes e pequenas urbanizações. Assim nasceu a Paróquia São Judas Tadeu.

Em 22 de outubro de 1973, José M. Delgado foi designado o primeiro encarregado da capela São Judas Tadeu. O padre Delgado, ao ver as necessidades sociais da população, pediu licença ao Ministério da Educação para a abertura do Jardim Paroquial de Infância. Posteriormente, foi inaugurado o Colégio Paroquial São Judas Tadeu.

O arcebispo elevou a capela de São Judas Tadeu a paróquia. O templo foi consagrado em 17 de abril de 1983. Em 15 de outubro de 1986 chegou à paróquia, pelas mãos do padre claretiano Ignacio Ting Pong Lee, uma relíquia de São Judas Tadeu.

Devido à grande quantidade de devotos de São Judas que se aproximavam da paróquia, foi decidida a construção de um novo templo. Em 14 de dezembro de 2005, foi dedicado o novo templo em homenagem a São Judas.

Os devotos de São Judas Tadeu testemunham hoje a devoção ao "advogado das causas difíceis e desesperadas". São milhares os panamenhos que, sobretudo no dia de sua festa, esperam a procissão que se inicia às 5 horas da tarde na paróquia do Jardim Olímpico, em homenagem a um dos santos mais populares, por causa dos numerosos milagres que concede aos devotos que a ele rezam com fé.

Peru

Basílica Menor de São Francisco, em Lima

Em 28 de setembro de 1941, foi fundado em Lima o *Apostolado Franciscano de Caballeros de San Judas Tadeo*, sediado na Basílica Menor de São Francisco, onde se guarda uma relíquia de São Judas Tadeu. Trata-se de uma parte de um de seus dedos, que foi trazida de Tolosa pelo fundador do Apostolado, o padre José María Garmendia, ofm. Essa era a terceira relíquia que chegava ao Peru; as outras duas se encontram nas paróquias de Callao e Chimbote.

A partir dessa data, a devoção a São Judas Tadeu foi aumentando não somente na própria Lima, como também nos casarios e distritos da capital, sendo fundadas Irmandades em vários distritos, como a Irmandade de São Judas Tadeu de Mirones Bajo; a de Villa el Salvador; a Irmandade de São Judas Tadeu de Ventanilla-Callao ou a de Santa Catarina. A Irmandade de São Judas Tadeu Barranco é uma das mais representativas dos Balneários do Sul. Embora o calendário litúrgico celebre a festividade de São Judas Tadeu em 28 de outubro, em Lima, a procissão sai no primeiro domingo de novembro. Nos dias 28 de cada mês na Basílica Menor de São Francisco de Jesus, em Lima, após ser celebrada a missa em homenagem ao Santo Patrono, a relíquia sagrada de São Judas Tadeu sai em procissão pelo interior do templo.

Colômbia

Igreja de São Judas Tadeu, em El Santuario

A Igreja de São Judas Tadeu está localizada no município colombiano de El Santuario (Antioquia), onde se encontra também o grande santuário de Nossa Senhora do Rosário de Chiquinquirá, padroeira da Colômbia, e pertence, assim com esse município, à jurisdição eclesiástica da Diocese de Sonsón-Rionegro.

As iniciativas a favor da construção do templo remontam ao final do século XIX, quando a devoção a São Judas Tadeu era praticamente desconhecida no continente americano. Em 1892, em El Santuario, houve o desejo de construir um amplo templo com visão de futuro; a edificação desse templo, no entanto, nunca foi realizada. Tempos depois, a ideia foi retomada, mas como os habitantes da região não conseguiram chegar a um acordo quanto à devoção, o povo se dividiu. Para resolver a situação, foram colocados numa urna os nomes das devoções preferidas pelos santuarianos, isto é, Nossa Senhora do Carmo, Sagrado Coração, São José e São Judas Tadeu. O mais votado foi São Judas Tadeu, o que preocupou ainda mais à população, pois ele era confundido com Judas Iscariotes, que traiu Jesus. Por fim, em 11 de maio de 1898, a diocese de Medellín autorizou a construção do templo.

Em 2 de agosto, foi celebrada a festa de São José na igreja principal. Foi nessa festa que chegou a imagem de São Judas ao templo; trata-se de uma tela pintada por Eusebio Gómez, que logo foi substituída por uma imagem que chegou de Barcelona.

Em 28 de outubro, dia de São Judas Tadeu, foi colocada a primeira pedra que daria início à construção, cerimônia que contou com a presença do bispo local, do sacerdote, além de outros presbíteros de Cocorná, Montebello e Vahos. Em 12 de fevereiro de 1899, chegou a imagem barcelonesa de São Judas, a qual foi levada ao templo de Nossa Senhora de Chiquinquirá, regido pelos dominicanos, no dia 6 de março seguinte.

Depois de anos de percalços e dificuldades econômicas, a parte exterior do templo foi concluída completamente em 1935. Finalmente, em 24 de agosto de 1935, o templo foi inaugurado, consagrado e abençoado pelo bispo Diego María Gómez.

Argentina

Paróquia de São Judas, em Buenos Aires

A paróquia foi edificada com o nome de São Judas Tadeu por decreto de dom Santiago

Luis Copello, em 25 de julho de 1934. O templo foi inaugurado em 28 de novembro de 1953, na rua Miraflores, 2080. Uniram o desejo do doador com o nome que a paróquia já possuía, e passou a denominar-se "San Saturnino y San Judas Tadeo".

Na paróquia conserva-se uma relíquia *ex ossibus* ("dos ossos") de São Judas. Segundo se sabe, na década de 1960, dom Picci levou essa preciosa relíquia como doação à paróquia de Nuestra Señora de la Merced, da cidade de Buenos Aires (entre Reconquista e Presidente Perón), já que nessa igreja há uma imagem de São Judas Tadeu. Ali esteve até o ano de 1998, quando, para a festa de São Judas, dom Eugenio Guasta a entregou à paróquia San Saturnino y San Judas Tadeo.

Chile

Santuário Nacional de São Judas Tadeu, em Santiago do Chile

Contam as crônicas que, em 1910, uma jovem chamada Elena Correa Rivera, devota de São Judas desde criança, recebeu do sr. Manuel Francisco Rivas mil pesos para obras de veneração ao apóstolo São Judas. Elena consultou seu diretor espiritual, o padre Silvestre Álvarez, missionário do Coração de Maria, membro da comunidade estabelecida no Chile desde 1870, na rua Gálvez. Ambos chegaram ao acordo de adquirir na Espanha uma imagem do santo apóstolo para o templo de Belém, a qual chegou a Santiago um ano depois. A imagem foi abençoada pelo arcebispo Ignacio González Eyzaguirre, na segunda-feira, 5 de dezembro de 1911. Como não tinha um altar próprio, o pe. Braulio Sos, reitor do templo naquela época, soube que os filipenses, estabelecidos na rua Santa Rosa, deixavam essa comunidade e o irmão Capurro (filipense, que fora missionário do Coração de Maria) ofereceu o altar dessa capela, então deserta, para usá-lo.

Como o traslado era custoso, o altar ficou em um canto. O pe. Braulio o reformou, ajudado por pessoas do *Círculo de Obreros del Corazón de María* e, nesse altar, São Judas recebeu culto até 1922. Contudo, a devoção não crescia.

Quem começou uma verdadeira campanha, desde sua função de porteiro da casa dos missionários no bairro de Belém, foi o irmão Juan Mosó. Ele mesmo adquiriu estampas e medalhas de São Judas, popularizando a devoção. Em 1922, o padre Medardo Alduán, superior da comunidade, organizou e pregou a primeira novena a São Judas, com escassa assistência, segundo os dados que se conservam; também pregou a de 1923, com um pouco mais de fiéis, e mandou imprimir as primeiras 10 mil estampas (santinhos) em preto e branco e 25 mil coloridas, que foram distribuídas em vários lugares. Depois disso, seguiu a edição da novena a São Judas Tadeu, em versão popular. Em 1925, o mesmo pe. Medardo mandou gravar a primeira medalha própria de São Judas, com a inscrição no verso: "Igreja do Coração de Maria". Do mesmo modo, colaborou com a primeira edição da *Vida de san Judas*, impressa nas oficinas Claret, em 1927.

Paróquia Santuário de São Judas Tadeu, em Malloa

Malloa é uma localidade situada a 39 km da capital regional, Rancagua, e a uns 130 km de Santiago do Chile. Na igreja principal venera-se o apóstolo Judas Tadeu. Cada 28 de outubro, o santo recebe presentes, flores e desenhos de seus fiéis seguidores. Além disso, celebram missas desde as sete da manhã, e às cinco da tarde os fiéis saem em procissão pela cidadezinha, levando o quadro de São Judas.

O antigo povoado indígena motivou a instalação do convento franciscano de Santo Antônio, que datava de 1635, sendo um dos mais antigos da região (esses edifícios foram totalmente destruídos com o terremoto de 13 de maio de 1647). A paróquia provavelmente foi erguida em 1662, sob a proteção de Santo Antônio de Pádua. Deixou de ser paróquia durante séculos por diminuição da população. Malloa foi restabelecida como paróquia em 1845, e esta vez como paróquia de São João Batista.

A devoção a São Judas Tadeu chegou à povoação no ano de 1887. Depois de uma grande epidemia de cólera, o sacerdote daquela época pede sua intercessão, prometendo trazer uma imagem (a mesma que se venera hoje) à cidadezinha se os fiéis ficassem curados. São Judas faz o milagre e sua imagem chega ao povoado, onde foi entronizado como o grande protetor de Malloa. A imagem é uma pintura trazida da Itália pelo pároco, o padre Pedro Pugliessi. Foi assim que essa devoção se manteve até os nossos dias. São Judas ocupa um lugar no altar-mor, já que em 2001 a paróquia passou a ser chamada "Paróquia Santuário São Judas Tadeu". Tem caráter de santuário diocesano, o que – sem dúvida – foi possível pela grande devoção ao santo, manifestada por aqueles que pedem a sua proteção.

Existe na paróquia um documento de 1891, assinado pelo vigário-geral da diocese de Santiago, Jorge Montes, no qual impulsiona e manda "organizar"a devoção a São Judas Tadeu.

Outros lugares do mundo

O percurso poderia continuar pela América quase de ponta a ponta, visitando o *Oratório de São Judas Tadeu e do Rosário* (em Montreal, Canadá), dirigido pelos padres dominicanos. Ou em Orlando (Flórida, Estados Unidos), na igreja católica de São Judas Tadeu, onde, curiosamente, se celebra exclusivamente *em rito maronita*. Ou, ainda, na Venezuela, na capital, onde a devoção a São Judas é patente nas paróquias de São Pio X, *Puerta de Caracas* e *La Chiquinquirá* ou em outras localidades como *La Florida* ou *Maracaibo*.

E na Ásia, por exemplo na Índia,[11] onde, nas últimas décadas do século XX, muitas das novas paróquias escolheram São Judas Tadeu como titular, por exemplo, na *diocese de Kerala* (no sul da Índia) em Yoodhapuram (Angamaly); em Ettekkar (Aluva); em Killippalam (Trivandrum); em Koothattukulam; em Thevara; e em Kureekad (Chottanikkara). Também no norte há um santuário no estado de Jhansi (fronteira com o Nepal).

Pode-se ainda regressar novamente ao Velho Continente e peregrinar à igreja de *São Simão e São Judas*, em Metz (França). Ali os padres vicentinos vêm desde 1922, celebrando uma peregrinação popular, e a cada última quarta-feira do mês, o povo realiza a peregrinação para levar suas petições ao Apóstolo.

---

[11] O cristianismo na Índia remonta, segundo a tradição, à pregação do apóstolo Tomé. Na Índia, embora continue sendo minoritário, desfruta de grande capacidade de convocatória e lançou raízes em amplos setores da população. Atualmente, os católicos são *14 milhões*. Além do *rito latino*, que começou na Índia com os portugueses no século XVI, é preciso distinguir outros dois grupos rituais: a *Igreja Católica Siro-Malabar*, com 21 dioceses e 3 milhões de fiéis; e a *Igreja Siro-Malankar*, unida a Roma em 1930, com três dioceses e 300 mil fiéis.

Em Roma (Itália), no bairro de Trieste há uma igreja que foi dedicada a São Judas em 1919, chamada popularmente *Pequena Casa de São Judas Tadeu*; as irmãs carmelitas são as encarregadas de difundir a devoção ao santo.

Patronatos e curiosidades

Na tradição católica, junto a São Judas, há uma devoção a Maria Santíssima e a outros dois santos também invocados como patronos do impossível:

- Nossa Senhora do Sagrado Coração;[12]
- Santo Expedito,[13] patrono das causas justas e urgentes; e

[12] *Padre Julio Chevalier* (1846-1907), fundador dos Missionários do Sagrado Coração, quis honrar a Virgem Maria com esse novo título, em agradecimento aos inumeráveis benefícios recebidos por sua intercessão. Propagou a devoção terna e íntima a Maria, sob a proteção que se divulgou rapidamente por todo o mundo. Hoje é invocada por uma multidão de fiéis, como Advogada das causas difíceis e desesperadas.

[13] *Santo Expedito* era um militar romano que viveu no princípio do século IV, comandante de uma legião romana na época do imperador Diocleciano. Conta a tradição que, no momento de sua conversão, tocado pela graça de Deus, resolve mudar sua vida e converter-se ao cristianismo, já que ficou profundamente comovido com a atitude dos cristãos ao enfrentarem a morte. Foi quando o espírito do mal lhe apareceu, na figura de um corvo que lhe gritava "Cras! Cras! Cras!", que, em latim, significa "Amanhã! Amanhã! Amanhã! Deixa para amanhã a decisão de tua conversão!". Todavia, Santo Expedito, pisando no corvo, gritou: "Hoje! Nada de esperar!". Por isso, Santo Expedito atende aos casos urgentes, no mesmo momento, os casos que, se forem deixados para depois, estariam irremediavelmente perdidos.

- Santa Rita,[14] advogada dos casos impossíveis.

Entre as mil curiosidades que encontramos na veneração a São Judas Tadeu, está o patronato em toda a América sobre hospitais (o *St. Jude Children's Research Hospital* de Memphis, Tennessee, foi reconhecido como o melhor hospital de crianças com câncer nos Estados Unidos) e escolas primárias e secundárias. Além disso, na Costa Rica, encontramos a *Universidad San Judas Tadeo*, que possui as faculdades de Medicina, Jornalismo e Educação.

Em Montgomery (Alabama, Estados Unidos), o pe. Harold Purcell fundou a *Cidade de São Judas*, em 1934. Trata-se de um conjunto sociorreligioso, em cujo centro localiza-se a igreja paroquial de São Judas. Depois vieram

[14] *Santa Rita* (1381-1457) chamava-se Margarita, mas desde muito pequena chamaram-na Rita. Desde seus primeiros anos, a santa demonstrava constantemente sua piedade e seu desejo de consagrar-se à vida religiosa; seu maior prazer era dedicar-se à oração e à caridade fraterna para com o próximo. No entanto, por decisão e obediência a seus pais, contraiu matrimônio. O esposo foi uma pessoa de gênio difícil e extremamente violento, que constantemente a agredia e a humilhava. Sua paciência e oração deram fruto e, pouco antes da morte, o esposo se converteu de coração. Depois, morreram também seus dois filhos. Então, já sem esposo e sem filhos, Rita dedicou-se a obras de caridade e a passar longos momentos dedicada à oração e à meditação. Desejava ser religiosa e, depois de muitas dificuldades, as irmãs agostinianas a aceitaram na comunidade. Viveu de forma exemplar sua vida de religiosa. Rita adoeceu e faleceu em 22 de maio de 1457. Seu corpo se conserva incorrupto. Sobre este tema, consultar a recente biografia: MAESTRO, Jesús Álvarez. *Santa Rita de Cassia*. São Paulo: Paulinas, 2012.

um edifício para Serviços Sociais, um instituto para a educação e, com os anos, um hospital. O pe. Purcell, diante da possibilidade de que na diocese se estabelecesse uma comunidade contemplativa, desejou que fosse em sua Cidade de São Judas, mas as penúrias econômicas marcadas pela Segunda Guerra Mundial obrigaram-no a procurar outro lugar. Por fim, pôs à disposição das religiosas uma casa em Marbury, a 30 km ao norte de Montgomery. Assim também existe o *Mosteiro das Irmãs Dominicanas de São Judas*, que foi fundado em 28 de outubro de 1953, por um grupo de monjas dominicanas, dedicadas à adoração e à difusão do rosário. Com certeza, é a única comunidade religiosa cujo titular é São Judas.

No Brasil, o *Clube de Regatas do Flamengo*, mais conhecido como Flamengo, e que é um dos maiores clubes poliesportivos (começou como um clube de regatas, embora hoje seja mais conhecido principalmente pelo time de futebol do Rio de Janeiro, que joga no famoso estádio do Maracanã), tem São Judas Tadeu como patrono. Segundo pesquisas do Instituto Brasileiro de Opinião Pública e Estatística (Ibope), o Flamengo possui a maior quantidade de torcedores do Brasil e do mundo, com cerca de 35 milhões membros. Segundo o website oficial do Clube, "o capelão se reúne com jogadores e dirigentes para receber a bênção de São Judas". De fato, recentemente foi decretado que cada 28 de outubro, festa do santo Apóstolo, seja comemorado também o dia do *flamenguista*.

No Peru, São Judas é o patrono do trabalho, do jornalismo nacional e da *Dirección General de Migraciones y Naturalización*.

Na República Dominicana, São Judas é o patrono da polícia, e nos Estados Unidos, em Chicago, também. Lá foi fundada a popular Liga Policial de São Judas.

Liga Policial de São Judas

Desde sua chegada à cidade de Chicago, em 1924, os claretianos se responsabilizaram pelas seguintes igrejas: paróquia de Nossa Senhora de Guadalupe, no sul de Chicago (desde 1924); igreja de São Francisco de Assis, em Roosevelt Road (de 1925 a 1994); paróquia da Santa Cruz/imaculado Coração de Maria, no bairro das Empacadoras (desde 1948); e a igreja de São Paulo (desde 1987), no bairro de Pilsen.

Em 1932, os claretianos fundaram a *Liga Policial de São Judas*. A Liga é uma organização religiosa composta de membros dos corpos de segurança da área metropolitana de Chicago. Desde 1932 até 1981, um sacerdote claretiano era o capelão do corpo da polícia de Chicago.

Curiosamente, no famoso filme americano *Os Intocáveis*, um dos protagonistas, que pertence à polícia de Chicago, mostra constantemente e de forma explícita uma corrente com uma chave e uma imagem de São Judas, patrono dos policiais. Concluímos esta seção com essa curiosidade cinematográfica.

Os Intocáveis

O filme nos conta a história de Eliott Ness, personagem real, que enfrentou o mafioso Alfredo Gabriel Capone.

Ness é um agente federal que chega a Chicago durante a época da Lei Seca, na década de 1920, quando a corrupção impera no departamento de polícia da cidade. Sua missão é prender o chefe da máfia Al Capone, mas esse homem é tão poderoso e popular que nem os juízes nem a imprensa levam Ness a sério.

Uma noite, decepcionado, conhece um veterano patrulheiro, Jim Malone, e descobre que esse irlandês é o único homem honesto que encontrou. Malone logo começa a ajudar Ness, recrutando uma série de personagens intocáveis pela corrupção. Embora, no princípio, Capone pareça levar tudo na brincadeira, depois ataca Ness e seus homens abertamente. Malone recorre a táticas quase no limite da lei, e os mafiosos lhes devolvem todos os golpes com crueldade, mas sem resultado. Finalmente, pelo menos esperado e menor de seus crimes, Capone é preso por evasão de impostos.[15]

---

[15] Filme americano de 1987, dirigido por Brian de Palma e protagonizada por Kevin Costner (Eliot Ness); Sean Connery (Jim Malone); Charles Martin Smith (agente Oscar Wallace); Andy Gar-

São três os momentos que queremos destacar:

- Após a primeira vitória contra Al Capone, enquanto os quatro agentes estão comemorando (dois são federais e os outros dois policiais), Malone, que tem em suas mãos a medalha de São Judas, é impelido por Ness a mostrar o que tem em suas mãos. Ele se expressa, dizendo: "Meu Deus! Estou entre pagãos! Esta é a chave do meu baú das recordações e este é São Judas...". "O São Judas, o padroeiro das causas perdidas", interrompe o outro policial, de origem italiana. Mas Malone afirma: "E dos policiais: *o santo padroeiro dos policiais*".
- O segundo momento é a morte do policial Malone, segundo os críticos, um dos momentos mais dramáticos do cinema. Após ser metralhado, em heroica agonia, se arrasta pelo chão para pegar sua medalha de São Judas e para dar a seu companheiro uma informação vital para a queda de Capone. Finalmente, morre nos braços de Ness, numa belíssima cena, cheia de tragédia e emotividade, não sem antes instar-lhe a não

cía (agente George Stone/Giuseppe Petri) e Robert De Niro (Al Capone). Com música de Ennio Morricone, ganhou um Oscar de melhor ator coadjuvante para Sean Connery. O filme, em que abundam cenas cruas, foi inspirado no romance *The Untouchables*, escrito em 1957 pelo próprio protagonista Eliot Ness e por Oscar Fraley.

desistir de seu propósito, espetando-lhe um "o que pensa fazer agora?", últimas palavras do autêntico herói do filme.

- O filme termina com a condenação de Al Capone. Enquanto Ness recolhe em seu escritório tudo o que se refere ao caso, encontra a medalha de São Judas, que Malone lhe entregara antes de morrer, guardando-a no bolso do seu colete. Mas, antes de ir embora, o policial italiano que trabalhou sob seu comando chega para despedir-se. Ness, quando já se vai, regressa e lhe entrega a medalha de São Judas. O policial lhe diz: "Ness, Malone teria preferido que você ficasse com ela". "Não, ele teria preferido que ficasse com um policial."

Resulta claro o caráter aberto, polivalente e indizível do símbolo que se faz através de um irlandês (no cinema americano, quase sempre sinônimo de católico) e de uma medalha de São Judas Tadeu. Como pano de fundo, está a luta do bem contra o mal e a proteção dos santos;[16] embora não seja assim, uma vez mais a derrota parcial e aparente parece ter a última palavra.

---

[16] Neste caso, sobre *o corpo do policial.* Na Espanha, o patrono da Polícia Nacional é o Santo Anjo da Guarda. Mas é significativo o pano de fundo religioso das diferentes cenas desse filme.

2. Novenas e outras orações

O que é uma novena?

A novena (do latim *novem*, "nove") é um exercício de devoção que se pratica durante nove dias para obter alguma graça ou para louvar a Deus, Nossa Senhora ou um santo. Por isso, pode estar dedicada a Deus Pai, a nosso Senhor Jesus Cristo, ao Espírito Santo, à Virgem Maria ou aos santos. Podem ser nove dias consecutivos ou nove vezes um dia da semana determinado (nove sextas-feiras, por exemplo).

Quando se pede a intercessão de um santo, procura-se imitar suas virtudes e, em teoria, *a novena não faz sentido se não é praticada com uma fé absoluta*. Ao contrário das oitavas, de caráter festivo, as novenas são feitas por uma intenção ou para rezar por um defunto. Embora a prática das novenas seja muito antiga, só a partir do século XVII a Igreja concedeu formalmente a primeira indulgência a uma novena em homenagem a São Francisco Xavier, outorgada pelo papa Alexandre VII.

Atualmente, e sobretudo na Espanha, muitas cidades preparam as festas patronais com um solene novenário em homenagem ao padroeiro do município. Basicamente, consiste na celebração da Santa Missa, com pregação de forma solene, durante nove dias consecutivos. Embora também, em muitos lugares, os nove dias sejam reduzidos a três, denominando-se tríduo em vez de novenário. Na Espanha, é muito comum a celebração da *novena da Imaculada* para preparar a festa de 8 de dezembro, em honra da Imaculada Conceição.

Muitas novenas têm recomendação eclesiástica, mas não um lugar próprio e estabelecido na liturgia. As novenas nos ajudam em nossa oração quando estão adequadamente valorizadas no contexto de uma sólida doutrina.

Insistimos na ideia de que, ao pedir a intercessão de um santo, *devemos desejar imitar suas virtudes*. Para isso, ao lado da novena, seria bom ler uma biografia daquele que escolhemos por intercessor. *A novena pode transformar-se em superstição se for limitada à procura de um desejo pessoal sem abrir o coração a Deus e submeter-se a sua vontade.* Uma novena benfeita é um meio para aumentar a intercessão.

Origens

Jesus Cristo nos ensinou a rezar com insistência. Ele pediu aos apóstolos que se preparassem em oração para a vinda do Espírito Santo. Os judeus não tinham celebrações religiosas de nove dias nem novenários de defuntos. Para eles, o número sete era o mais sagrado. No entanto, a nona hora na Sinagoga era uma das horas especiais de oração, como tem sido a nona hora na Igreja, desde o princípio. É uma das horas de oração na Liturgia das Horas.

Os romanos e gregos tinham novenas. Tratava-se de uma festa pagã para apaziguar os deuses. Também faziam nove dias de luto pelos defuntos. Embora os primeiros cristãos tenham seguido o costume quanto ao número de dias, já não o faziam com superstição, mas fundamentados em Cristo.

Santo Agostinho, escrevendo sobre as novenas, adverte os cristãos sobre o perigo de imitar esse costume pagão, já que não se encontra na Bíblia. *O perigo não está na novena, mas em como se entende essa oração.* Segundo alguns Padres da Igreja e monges da Idade Média, o nove denota imperfeição e refere-se aos homens. O dez é um número mais alto e perfeito e, por isso, refere-se a Deus. A novena simboliza a imperfeição humana que procura Deus.

Espanha e França introduziram a *novena de preparação* do Natal, para relembrar os nove meses de gravidez da Virgem Maria. Na Espanha, o Concílio de Toledo, em 656, transferiu a festa da Anunciação ao dia 18 de dezembro (dentro da novena). Por isso, a novena adquiriu um sentido de antecipação e preparação a uma festa. Os melhores modelos de preparação são os esposos de Nazaré: José e Maria, preparando-se para o nascimento. Nós nos preparamos, neste mundo, para a vida eterna. Da novena de preparação, surgiu o costume (na França e na Bélgica) de fazer novenas à Virgem Maria e aos santos por diversas intenções.

As novenas requerem *humildade, confiança e perseverança*, três importantes qualidades da oração eficaz. Inumeráveis santos rezavam novenas com grande devoção e, através dos séculos, muitos milagres foram obtidos com a oração de novenas.

Dois exemplos

As nove primeiras sextas-feiras de mês

Uma das práticas principais vinculadas à devoção do Sagrado Coração é a devoção às nove primeiras sextas-feiras de mês, a qual se deriva de uma das doze promessas que o Coração de Jesus fez a Santa Margarida Maria de Alacoque. A Igreja sempre consagrou as sextas-feiras a nosso Senhor Jesus Cristo, em comemoração de sua dolorosa Paixão, mas desde as aparições à santa monja da Visitação, escutando o próprio desejo de Jesus Cristo, também consagra as sextas-feiras através dessa especial devoção.

Segundo narra Santa Margarida Maria,[1] nosso Senhor Jesus Cristo lhe disse, descobrindo-lhe seu Coração:

> Eis o meu Coração que tanto amou os homens e que a nada se poupou até se esgotar e se comunicar para lhes testemunhar todo o seu amor; em recompensa Eu não recebo da parte deles senão ingratidões, pelas irreverências e pela frieza e desprezo que têm por Mim neste sacramento de amor.

Então foi quando Jesus deu a Santa Margarida Maria a missão de estabelecer culto a seu Coração e de enriquecer o mundo inteiro com os tesouros dessa devoção santificadora. O objetivo e o fim dessa devoção é honrar o Coração adorável de Jesus Cristo, como símbolo do amor de Deus; e a visão desse Sagrado

---

[1] Margarida Maria de Alacoque (1647-1690), religiosa francesa da Ordem da Visitação de Santa Maria, entrou em 20 de junho de 1671 no Mosteiro de Paray le Monial. Na festa de São João Evangelista de 1673, a irmã Margarida Maria, que então contava com 25 anos de idade, estava em adoração diante do Santíssimo Sacramento. Nesse momento, teve o privilégio particular da primeira das manifestações visíveis de Jesus, que se repetiram durante dois anos mais, todas as primeiras sextas-feiras de mês. As extraordinárias visões com que foi favorecida lhe causaram a princípio incompreensões e julgamentos negativos, até quando, por disposição divina, foi colocada sob a direção espiritual do santo jesuíta Claudio de la Colombière. No último período de sua vida, eleita mestra de noviças, teve o consolo de ver difundida a devoção ao Sagrado Coração de Jesus, e os mesmos opositores de antes se converteram em fervorosos divulgadores. Morreu aos 43 anos de idade, em 17 de outubro de 1690. Ver: *Santa Margarita María y el Corazón de Dios*. Livro e Audiolivro (CD com livro). Madri: Edibesa, 2005.

Coração, abrasado de amor pelos homens, e ao mesmo tempo desprezado por eles, há de levar-nos a amá-lo e a reparar a ingratidão que sofre.

Segundo a narração dessas aparições, uma sexta-feira, durante a Sagrada Comunhão, nosso Senhor disse estas palavras a Santa Margarida Maria:

> Eu te prometo, na excessiva misericórdia do meu Coração, que meu Amor todo-poderoso concederá a todos aqueles que comungarem em *nove primeiras sextas-feiras do mês seguidas*, a Graça da penitência final, que não morrerão na minha desgraça, nem sem receberem seus sacramentos, e que o meu Divino Coração será o seu asilo seguro no último momento.

E o que é preciso fazer para receber essa graça...

Comungar nove primeiras sextas-feiras de mês seguidas, em graça de Deus, com a intenção de honrar o Sagrado Coração de Jesus. No entanto, seria um bonito compromisso com nosso Senhor estender essa prática a todas as primeiras sextas-feiras de mês, como agradecimento a sua promessa de permanecer conosco todos os dias até o fim do mundo (Mt 28, 20). Como de igual maneira seria absurdo completar a prática para depois levar uma vida afastada dos mandamentos.

A novena da graça

Encontramos aqui um exemplo da origem milagrosa de algumas novenas, como a que se faz em devoção a São Francisco Xavier, conhecida como “novena da graça”. Os acontecimentos deram-se da seguinte maneira.

Na decoração de um altar em Nápoles, para uma festa da Imaculada Conceição, em 1633, um martelo de duas libras de peso caiu dos andaimes e feriu mortalmente o padre Marcelo Mastrilli, da Companhia de Jesus, destroçando-lhe a têmpora direita. A cada dia piorava sua enfermidade e estavam para dar-lhe a unção dos enfermos, pois era impossível dar-lhe a comunhão, pois não podia nem sequer tomar uma gota d’água. Contudo, quando estavam pensando nisso, eis que o pe. Mastrilli levanta-se curado e bem de saúde... A ferida havia desaparecido, a cicatriz não se notava, o padre se sentia saudável, de repente. Logo cedo celebrou uma missa e deu a comunhão a muitas pessoas que foram ver esse prodígio. Subiu ao púlpito e, com suas próprias palavras, explicou ao povo de Nápoles o que havia acontecido. Vendo-se ferido e sem esperança de vida, fizera um voto em honra de São Francisco Xavier, de ir como missionário às Índias, se recuperasse a saúde. Na noite anterior, o santo apareceu-lhe e o animou a cumprir seu voto e receber o martírio no Japão, o que aconteceria em Nagasaki, em 17 de outubro de 1637. O milagre propagou-se por toda a Itália e inspirou confiança na intercessão de São Francisco Xavier.

Mais tarde, outro jesuíta, o pe. Alexandre Filipucci, também curado pelo santo em 1658, compôs a novena e fixou como data para sua realização de 4 a 12 de março (aniversário da canonização de São Francisco Xavier), embora possa ser feita em qualquer época do ano. Desde então, essa devoção tem sido divulgada por todos os lugares. Ficou conhecida com o nome de *Novena da Graça*, "por sua grande e comprovada eficácia nas necessidades da vida presente" (S. Pio X).

O perigo das correntes de oração

O primeiro mandamento da lei de Deus proíbe honrar deuses distintos do único Senhor que se revelou a seu povo. Proscreve a superstição e a irreligião. A superstição representa, de certo modo, uma perversão, por excesso da religião. A irreligião é um vício oposto por defeito à virtude da religião.

Por isso, o *Catecismo da Igreja Católica*, número 2111, alertando para que a oração não se transforme em superstição, recorda que:

> A superstição é o desvio do sentimento religioso e das práticas que ele impõe. Pode afetar também o culto que prestamos ao verdadeiro Deus, por exemplo, quando atribuímos uma importância de alguma maneira mágica a

certas práticas, em si mesmas legítimas ou necessárias. Atribuir eficácia exclusivamente à materialidade das orações ou dos sinais sacramentais, sem levar em conta as disposições interiores que elas exigem, é cair na superstição (Mt 23,16-22).

Por exemplo, devem-se evitar promessas de obter o que uma pessoa deseja, em troca de ações como estas:

- publicar *a novena de São Judas* em jornais por nove dias seguidos;
- prometer a publicação como condição para receber o favor de Deus pela intercessão do santo;
- enviar a corrente de oração por e-mail, por exemplo, pensando que se não se faz, não se poderá obter o que a pessoa pede etc. E, inclusive, ameaçando com castigos àqueles que não o façam.

Algumas pessoas recebem cartas que prometem boa sorte se enviarem tantas cópias a tantas outras pessoas, ou se reproduzirem tantas cópias de uma oração e as deixarem numa igreja. Essas cartas, às vezes, ameaçam com perigos para os receptores que não cumprirem as indicações da carta.

Escrever ou enviar essas cartas é agir de maneira supersticiosa. Continuar com essas cartas por medo ou por desejo de ganhar mais dinheiro é agir sem fé em Deus. Tal comportamento indica que a pessoa não confia no amor e na sabedoria de Deus, e é possível que, ao continuar com essas cartas, os demais possam ser prejudicados.

As pessoas supersticiosas pensam que elas podem controlar Deus pelo número de orações repetidas, ou por enviar cartas assim. Algo que se fazia antes, deixando muitas cópias nos bancos das igrejas e que, agora, modernamente, se faz com as apresentações de powerpoints ou por e-mails. Quando se tem fé, sabemos que Deus nos ama e que estamos convidados a confiar nesse amor divino e não na "sorte" ou em outras ações "mágicas".

Com estas linhas simples, convidamos a fazer o contrário: Por favor, destruam essas cartas! Deus não joga assim conosco! A devoção a São Judas é outra coisa.

E o mesmo acontece com as imagens. O culto cristão das imagens não é contrário ao primeiro mandamento que proscreve os ídolos. Assim, o *Catecismo da Igreja Católica* (n. 2132) afirma:

> O culto cristão das imagens não é contrário ao primeiro mandamento, que proíbe os ídolos. De fato, "a honra prestada a uma imagem se dirige ao modelo Original", e "quem venera uma imagem venera a pessoa que nela está pintada" [a147]. A honra prestada às santas imagens é uma "veneração respeitosa", e não uma adoração, que só compete a Deus:

> O culto da religião não se dirige às imagens em si como realidades, mas as considera em seu aspecto próprio de imagens que nos conduzem ao Deus encarnado. Ora, o movimento que se dirige à imagem enquanto tal não termina nela, mas *tende para a realidade da qual é imagem.*

Alguém, em detrimento da Igreja Católica e inclusive do que foi exposto até agora, poderia dizer: Como é possível que, por um lado, o Catecismo seja tão explícito no tema da superstição e, por outro, permita, consinta e favoreça umas formas de piedade que nada têm a ver com essa atitude? A resposta a encontramos, por exemplo, no ativo Templo de San Hipólito y de San Judas Tadeo, na Cidade do México, no que se conhece como a Liga de São Judas.

Liga Nacional de São Judas Tadeu

Foram os missionários claretianos que promoveram, em diferentes países, a criação da *Liga Nacional de São Judas.* No México, por exemplo, a Liga é uma associação civil que foi constituída em 2003 e que participa – de maneira especial – da missa do dia 28 de cada mês.

São voluntários que se encarregam de reunir recursos para realizar atividades sociais com indígenas de Guerrero e Oaxaca, migrantes em Ciudad Juárez, além de dar assistência a grupos vulneráveis, como pessoas em processo de reabilitação de dependências e portadores de deficiência em localidades de Michoacán e do estado do México.

Os sócios têm a possibilidade de ajudar as missões, seja com o apoio econômico, seja com mantimentos que podem chegar às partes mais distantes ou às pessoas necessitadas que frequentam o templo.

Qual é a missão da Liga?

Fomentar a devoção ao apóstolo São Judas Tadeu, para que Deus seja conhecido, amado e servido em nossa sociedade, promovendo a integridade da pessoa humana à luz do Evangelho de Cristo e formando seus sócios para uma melhor vivência da fé, esperança e caridade.

Quais são seus compromissos?

- Amor, devoção e gratidão ao santo apóstolo, promovendo seu conhecimento e veneração.
- Compartilhar a oração com os outros sócios, participando na medida do possível das celebrações comunitárias.
- Viver de acordo com as virtudes apostólicas que São Judas Tadeu nos propõe a partir de seu próprio exemplo de vida.
- Ter um profundo senso da *caridade cristã* e ser bondosos e amáveis em nosso modo de tratar a todos.

- Os missionários claretianos rezam por todos os devotos, mas – de modo particular – pelos sócios da Liga.
- Os sócios são convidados a compartilhar suas experiências de fé, dando a conhecer os favores e graças recebidos por intercessão de São Judas Tadeu. Esses testemunhos serão publicados em diferentes meios de comunicação.

Além disso, a Liga edita uma publicação bimestral intitulada *Presencia apostólica*. Em seus últimos números, encontramos um artigo que tem como título "São Judas Tadeu: apóstolo da esperança".[2] Ali podemos ler:

> Todos sabem que a devoção aos santos no catolicismo une a experiência humana com o divino, já que a partir de um mediador humano – alguém que viveu como nós e conosco, procurando sempre Deus – podemos obter bênçãos e favores divinos.
>
> São Judas Tadeu tem uma menção especial, dado que se tornou o santo mais procurado pela devoção popular no México... O certo é que as súplicas dirigidas ao apóstolo se acumulam em milhares no templo de San Hipólito.

---

[2] "San Judas Tadeo: apóstol de la esperanza". Artigo publicado no n. 42 da *Presencia Apostólica* (jul./ago. 2010), pp. 6-7. Editada e distribuída pela Liga Nacional de São Judas Tadeu, sob a direção dos missionários claretianos do Templo de San Hipólito y San Casiano, da Cidade do México.

Não todos os fiéis deixam uma prova escrita de sua petição ou ação de graças. No entanto, sirvam estas cifras para localizar esse "clamor dirigido ao céu"... Há um ano, lhes apresentávamos os resultados da pesquisa sobre *as petições que os fiéis depositam na urna* situada aos pés do altar-mor, justamente na parte baixa do Sacrário e da tão venerada imagem de São Judas Tadeu. A intenção de instalar essa urna foi facilitar que os desejos e necessidades rompessem a barreira do tempo e permanecessem por um intervalo de tempo prolongado. Nessa ocasião, divulgamos os resultados de 2009, que agora chegam a sua etapa final da coleta, classificação e análise.[3]

No estudo realizado com base num total de mais de *15 mil petições*, ressaltam as súplicas que têm a ver com as situações vitais e com condições básicas para uma vida digna em porcentagens que vão desde 20% até mais de 30% (família, saúde, trabalho, segurança). Também é notável que, entre a preocupação pelos próprios problemas, surge a preocupação pelo mundo e pela humanidade (paz, educação, vocação etc.), com porcentagens menores mas consideráveis, que vão de 5% a 13%.

Finalmente, existe um dado que queremos ressaltar: do total de petições, *357 pedem para livrar-se das dependências* (álcool, drogas etc.), e o número de juramentos cumpridos ultrapassa 500. *Este é um dado esperançoso, pois a devoção se transformou num elemento que*

---

[3] O estudo foi elaborado por Ailleén Hernández Aviés e Karina Silva Díaz.

reforça a vontade de quem procura afastar-se daquilo que o prejudica e do que prejudica as outras pessoas.

O mundo dos dependentes de droga

Outras iniciativas são propostas pelo próprio templo. O atual pároco, René Pérez, procurou o pe. Frederick Loos, um americano de 74 anos que mora no México há quatro décadas, para atender uma "freguesia pouco convencional" e na qual ele era especializado. Milhares de jovens procedentes dos bairros mais delituosos do Distrito Federal começaram a peregrinar nos dias 28 de cada mês ao templo de San Hipólito, com velas, terços e imagens de São Judas Tadeu.

Ansiosos por receber bênçãos, os jovens chegam de trem, ônibus e bicicleta, desde os confins mais remotos da capital; jovens com brincos e tatuagens, consumidores de drogas... na porta o cheiro de maconha se espalha pelo ar e a inalação de cola é generalizada.

Com certa dificuldade, a igreja trata de canalizar esse fervor multitudinário e pouco ortodoxo. O pároco, que espera transformar o santo em padroeiro local extraoficial dos dependentes, afirma: "Não temos uma varinha mágica, mas sim queremos tirar proveito dessa fé que possuem".[4] Como resultado, aceita que

[4] LACEY, Marc. Speaking God's Language, with a gangster dialect. *New York Times*, 7 de julho de 2010.

esses jovens depositem drogas nos cestos da coleta, se quiserem renunciar a suas dependências nesse mesmo momento.

São Judas Tadeu e alguns desvios de seu culto

Contra aqueles que lutam para tirar os jovens do mundo da droga estão os narcotraficantes que pretendiam usar o patronato do apóstolo São Judas. A própria arquidiocese da Cidade do México, em defesa dos jovens, escreveu uma carta em 2008:

> Este 28 de outubro,[5] data em que a Igreja recorda, de maneira especial, São Judas Tadeu, pudemos observar, por toda a Cidade do México, *inumeráveis demonstrações de amor e fé* para com o santo das causas difíceis e desesperadas. A Igreja celebra essas manifestações populares, no entanto, é seu dever indicar que – em alguns casos – existem sérias incompatibilidades com os preceitos da Igreja Católica e também com os ensinamentos de Jesus.
>
> Por exemplo, *o culto a São Judas Tadeu é incompatível com o narcotráfico e a delinquência.* Todos sabemos que muitas pessoas que cometem delitos consideram São Judas como seu santo patrono. No entanto, São Judas Tadeu, de modo algum, se veria no céu intercedendo a Deus a favor daqueles que agem de forma contrária aos Mandamentos de Cristo, violentando

[5] Publicada no website do Sistema Informativo da Arquidiocese da Cidade do México, editorial de 28 de outubro de 2008.

preceitos como: Não matarás, Não roubarás, Não cometerás adultério.

De igual modo, a devoção a São Judas Tadeu é totalmente contrária ao culto à "Santa Morte", pois o mesmo Cristo venceu a morte ao ressuscitar glorioso do sepulcro, prometendo vida eterna para aqueles que cumprem os mandamentos da Lei de Deus.

A Bíblia claramente menciona, com toda exatidão, que não se pode servir a dois patrões, de modo que, *aqueles que procuram Cristo através de seu amor a São Judas Tadeu devem ser conscientes de que – antes de mais nada – devem cumprir os mandamentos que o Senhor nos deu*. De outro modo, se cai na aberração e no absurdo.

O próprio apóstolo São Judas Tadeu escreveu em sua Epístola, 14-15: "Eis que veio o Senhor com milhares de seus santos, para exercer o juízo contra todos, e para denunciar todos os ímpios a respeito de todas as impiedades que cometeram e dos insultos que, como ímpios pecadores, proferiram contra ele".

Novena a São Judas Tadeu[1]

Por Charles W. Dahm

Oração a São Judas Tadeu

Santo apóstolo Judas Tadeu, fiel servo e amigo de Jesus, o nome do traidor que entregou teu querido Mestre em mãos de seus inimigos é causa de serdes esquecido por muitos. Mas a Santa Igreja honra-vos e invoca-vos universalmente como padroeiro de casos desesperados e sem remédio. Ajudai-nos a crer que triunfamos sobre os obstáculos da vida pelo poder de Jesus que nos amou e deu a vida por nós. Intercedei por nós para que recebamos o consolo e o socorro do céu em todas as nossas necessidades, tribulações e sofrimentos, particularmente (aqui dizer a graça que se deseja obter), e que possamos bendizer a Deus convosco e com todos os eleitos por toda a eternidade. Amém.

---

[1] O autor desta novena é o padre dominicano *Charles W. Dahm*, da comunidade de dominicanos do Santuário de São Judas Tadeu, de Chicago (Estados Unidos). Esta novena tem o mérito de iluminar aspectos da vida do apóstolo através de diversas passagens tiradas dos Evangelhos, às quais certamente assistiu como testemunha privilegiada.

São Judas, apóstolo da Palavra de Deus,
rogai por nós.

São Judas, seguidor do Filho de Deus,
rogai por nós.

São Judas, pregador do amor de Deus,
rogai por nós.

São Judas, intercessor diante de Deus,
rogai por nós.

São Judas, amigo das pessoas necessitadas,
rogai por nós.

São Judas, rogai por nós e por todos que invocam vossa ajuda.

• *Primeiro dia*
São Judas, poderoso para curar

Meditação

São Judas acompanhou a Jesus pelas aldeias de Israel e foi testemunha de seu poder de cura. Talvez tenha visto Jesus curar os dez leprosos, curar uma mulher sofrendo hemorragias, ressuscitar aos mortos. Quando o pobre cego gritou, "Jesus, Filho de Davi! Tem compaixão de mim", São Judas provavelmente ouviu Jesus dizer: "Vê! A tua fé te salvou" (Lc 18,39-42).

São Judas foi um dos discípulos a quem Jesus "deu-lhes poder e autoridade... e os enviou para anunciar o Reino de Deus e curar os enfermos" (Lc 9,1-2). Enviou-os de dois em dois, e eles ficaram admirados porque "expulsavam muitos demônios, ungiam com óleo numerosos doentes e os curavam" (Mc 6,13).

Talvez duvidemos que Deus queira o melhor para nós. Pode ser que às vezes pensemos que nosso sofrimento e as doenças são um castigo de Deus por nossos pecados. Nós ouvimos como Jesus trabalhava incansavelmente para curar os enfermos.

Quando Jesus curou o homem que nasceu cego, explicou: "Nem ele nem seus pais pecaram, mas é uma ocasião para que se manifestem nele as obras de Deus" (Jo 9,3).

São Judas entendeu que o desejo do Senhor era curar o povo. Depois da ascensão de Jesus, São Judas e os outros apóstolos "foram anunciar a Boa-Nova por toda parte. O Senhor os ajudava e confirmava sua palavra pelos sinais que a acompanhavam" (Mc 16,20). As palavras de Jesus durante a Última Ceia se cumpriram em São Judas: "Quem crê em mim, fará as obras que eu faço, e fará ainda maiores do que estas" (Jo 14,12).

Oração

São Judas, foste testemunha do poder curador de nosso Senhor, Jesus. Viste sua compaixão pelos enfermos e moribundos, tocaste os enfermos com tuas próprias mãos, compartilhaste as dores dos aflitos e animaste os desconsolados. Recebeste autoridade e poder de Jesus para fazer maravilhas, curar os incuráveis e recuperar os deficientes. Pedimos que intercedas ante nosso irmão, Jesus, para que envie sua graça para curar os enfermos e aflitos, para levantar os espíritos caídos e para infundir esperança nos corações desesperados. Amém.

Compromisso

Prometo que de alguma maneira levarei a Boa-Nova do amor de Deus a uma pessoa enferma.

• *Segundo dia*
São Judas, Apóstolo de Oração

Meditação

Jesus ensinou a São Judas como rezar e como orar com uma fé que pode trasladar montanhas. Sua oração foi inspirada pelas palavras de Jesus: "Pedi e vos será dado; procurai e encontrareis; batei e a porta vos será aberta" (Lc 11,9-10).

Às vezes pensamos que Deus nos abandonou ou que nossas orações não foram escutadas. São Judas, ao contrário, orava com a confiança inculcada pelo ensinamento de Jesus: "Olhai como crescem os lírios. Não trabalham, nem fiam. No entanto, eu vos digo: nem Salomão, em toda a sua glória, jamais se vestiu como um só dentre eles... quanto mais não fará convosco, gente de pouca fé. ... Não vos inquieteis! [...] vosso Pai sabe que delas precisais. Buscai, pois, o seu Reino, e essas coisas vos serão dadas por acréscimo" (Lc 12,27-31).

Embora não entendamos totalmente os caminhos de Deus, nos colocamos em suas mãos com muita confiança, como Jesus mesmo o fez. São Judas esteve com Jesus na noite em que o Senhor orou no horto. Ali, em sua agonia de oração, Jesus ensinou a seus apóstolos a rezar: "Meu pai, se possível, que este cálice passe de mim. Contudo, não seja feito como eu quero, mas como tu queres" (Mt 26,39).

Quando somos insistentes, mas confiantes em nossa oração, permitimos que ela transforme nossas vidas. Abrimos nossos corações ao espírito de Deus, aceitando os desafios que ele nos envia e comprometendo-nos generosamente a imitar Jesus. São Judas entendeu as palavras do Senhor: "Nem todo aquele que me diz: 'Senhor! Senhor!', entrará no Reino dos Céus, mas só aquele que põe em prática a vontade de meu Pai que está nos céus" (Mt 7,21).

Oração

São Judas, por meio da oração adoravas Deus pelas obras maravilhosas de Jesus. Pediste a Deus a força para enfrentar os desafios de teu apostolado. Puseste tua confiança na misericórdia de Deus, crendo firmemente que Deus te amava e entendia tuas penas e alegrias, teus sonhos e medos, teus triunfos e fracassos. Compreendeste que nada é impossível para Deus. Pedimos-te que ores por nós diante do Altíssimo para que nos plenifique com sua força, para que entendamos sua vontade para todos nós, e, com muita confiança, nos coloquemos em suas mãos amorosas. Amém.

Compromisso

Comprometo-me de novo a rezar com mais confiança, para que sempre seja feita a vontade de Deus.

• ***Terceiro dia***
São Judas, paciente no sofrimento

Meditação

Como os demais apóstolos, São Judas sofreu um martírio por seu compromisso de levar a cabo a missão de nosso Senhor, Jesus Cristo. Aceitou o ensinamento de Jesus, "Se alguém quer vir após mim, renuncie a si mesmo, tome sua cruz, cada dia e siga-me" (Lc 9,23).

São Judas compartilhou seus sofrimentos com o Senhor. Escutou-lhe dizer: "Vinde a mim, todos vós que estais cansados e carregados de fardos, e eu vos darei descanso. Tomai sobre vós o meu jugo e sede discípulos meus, porque sou manso e humilde de coração, e encontrareis descanso para vós. Pois o meu jugo é suave e meu fardo é leve" (Mt 11,28-30).

São Judas acreditava que seus sofrimentos estavam unidos aos de Jesus Cristo e, por isso, tinham valor redentor. São Paulo declarou: "Alegro-me nos sofrimentos que tenho suportado por vós e completo, na minha carne, o que falta às tribulações de Cristo em favor do seu Corpo que é a Igreja" (Cl 1,24).

São Judas era humano. Sentia dor como todos nós. Mas lembrava-se do sofrimento de Jesus, seu sentido de abandono na cruz, quando gritou: "Meu Deus, meu Deus, por que me abandonaste?" (Mt 27,46). A lembrança destas palavras ajudou-o a aguentar a dor, porque ele sabia que sofria em comunhão com o Senhor.

Em nossos sofrimentos refletimos sobre os de nosso Salvador, Jesus Cristo. Cuspiram-lhe, foi açoitado, coroado com espinhos e cravado na cruz onde ficou por três horas. Talvez o sofrimento mais doloroso que atravessou seu coração foi o desprezo dos líderes do povo e o abandono de seus amigos. Sem dúvida, Jesus se manteve fiel até o fim quando gritou: "Pai, em tuas mãos entrego o meu espírito" (Lc 23,46).

Oração

São Judas, permaneceste fiel ao Senhor até a morte. Entregaste tua vida para que outros pudessem viver. Aguentaste a dor física e o abandono espiritual. Mas te alegraste em poder unir teus sofrimentos aos de nosso Salvador Jesus, e assim colaboraste com a redenção do mundo. Agora te pedimos que intercedas ao nosso irmão, Jesus Cristo, para que também possamos ser fiéis em nossos sofrimentos. Ajudai-nos a confiar em Deus e a colocar nossas vidas em suas mãos. Amém.

Compromisso

Unirei todos meus sofrimentos e dores aos de Jesus Cristo para a redenção do mundo e animarei outra pessoa que está sofrendo.

• *Quarto dia*
São Judas, campeão de justiça e paz

Meditação

Ao acompanhar Jesus e ao escutar seu ensinamento, São Judas aprendeu como lutar pela justiça e pela paz. Ele ouviu o sermão da montanha, quando Jesus ensinou: “Felizes os que promovem a paz, porque serão chamados filhos de Deus... Felizes sois vós, quando vos injuriarem e perseguirem e, mentindo, disserem todo mal contra vós por causa de mim. Alegrai-vos e exultai, porque é grande a vossa recompensa nos céus. Pois foi deste modo que perseguiram os profetas que vieram antes de vós” (Mt 5,9.11-12).

São Judas escreveu em sua carta, "... a fim de lutardes pela fé, que, uma vez para sempre, foi transmitida aos santos" (Jd 1,3). São Judas lutava por tudo o que Jesus tratou de estabelecer. Como Jesus, São Judas pregava a Boa-Nova aos pobres, proclamou a liberdade aos cativos, restaurou a vista aos cegos e libertou os oprimidos (cf. Lc 4,18).

Às vezes resistimos ao desafio do Senhor, para lutar pelo reino de justiça e paz. Tememos a crítica e o conflito; buscamos a comodidade e a conveniência. São Judas não foi assim. Ele trabalhou pela justiça com muito entusiasmo, porque entendia que sem justiça não há uma paz verdadeira.

Por seu compromisso com o reino de justiça e paz, São Judas sofreu precisamente como Jesus havia predito: "Sereis odiados por todos, por causa do meu nome" (Mt 10,22), no entanto, ele desfrutou a paz que Jesus prometeu na Última Ceia: "Deixo-vos a paz, dou-vos a minha paz. Não é à maneira do mundo que a dou" (Jo 14,27).

Oração

São Judas, com muita coragem pregaste a Palavra de Deus nas situações mais difíceis. Como Jesus, defendeste os pobres e oprimidos e desafiaste os ricos e poderosos. Quando te ameaçaram de morte, não revidaste com violência ou desespero, mas te recordaste das palavras de Jesus sobre a paz e o perdão. Escuta nossa oração pela paz e justiça no mundo. Pede ao Senhor que nos dê a coragem para defender o que está correto. Ora para que sejamos construtores efetivos da paz, seguindo teu exemplo, especialmente onde há guerra e opressão, em nossas comunidades onde há violência e conflito e em nossas famílias onde há discussões e brigas. Amém.

Compromisso

Prometo levantar a voz e agir contra a injustiça e trabalhar pela paz onde quer que eu esteja.

• *Quinto dia*
São Judas, servidor do Povo de Deus

Meditação

São Judas teve o privilégio de acompanhar Jesus diariamente. Aprendia do Senhor como Deus nos ama e como devemos amar-nos uns aos outros. Às vezes queremos que os outros nos sirvam, que façam o que queremos e que atendam a nossas necessidades. Como São Judas, devemos aprender de Jesus, que disse: "Entre vós não deverá ser assim. Quem quiser ser o maior entre vós seja aquele que vos serve, e quem quiser ser o primeiro entre vós, seja vosso escravo. Pois o Filho do Homem não veio para ser servido, mas para servir e dar a vida em resgate por muitos"(Mt 20,26-28).

Na Última Ceia Jesus mostrou a São Judas e aos outros apóstolos como deveriam servir. Lavou-lhes os pés e logo disse: "Dei-vos o exemplo, para que façais assim como eu fiz para vós" (Jo 13,15). São Judas não buscava um prêmio por fazer o bem. Somente vivia o que Cristo ensinou: "Assim também vós: quando tiverdes feito tudo o que vos mandaram, dizei: 'Somos simples servos, fizemos o que devíamos fazer"(Lc 17,10).

São Judas cumpriu os mandamentos ensinados por Jesus como os mais importantes: amar a Deus com todo coração, toda a alma e toda a mente, e o próximo como a si mesmo (cf. Mt 22,27-40). Jesus quer que nos amemos como ele nos ama: "Eu vos dou um novo mandamento: amai-vos uns aos outros. Como eu vos amei, assim também vos deveis amar-vos uns aos outros. Nisto conhecerão todos que sois meus discípulos: se vos amardes uns aos outros" (Jo 13,34-35).

Oração

São Judas, embora foste eleito por Jesus como um dos apóstolos, aprendeste a não ser orgulhoso, nem buscar honras ou os lugares mais altos. Ao contrário, te humilhaste em seu serviço a teus irmãos. Pedimos que nos ajudes a servir com um coração mais generoso e sacrificar nosso próprio interesse pelo bem dos outros. Intercede por nós ante nosso Cristo crucificado, que se humilhou na cruz, que sacrificou sua vida para que nós tenhamos vida. Que o imitemos com uma vida de serviço aos demais, uma vida dedicada e desinteressada. Amém.

Compromisso

Prometo cumprir um serviço aos que dele necessitam mais ou aos que não o esperam.

• *Sexto dia*
São Judas, reconciliador compassivo

Meditação

Embora tenha sido um apóstolo, São Judas era humano como todos nós, e o perdão não lhe vinha facilmente. Mas ele aprendeu de seu Mestre, nosso Senhor, como perdoar. Provavelmente se surpreendeu ao escutar Jesus dizer: “Amai os vossos inimigos e ora por aqueles que o perseguem” para que sejam “perfeitos, como o vosso Pai celeste é perfeito” (Mt 5,44.48).

Como São Paulo, São Judas pregava que não devemos deixar que o sol se ponha sobre nossa ira (cf. Ef 4,26). E se temos algo contra alguém, temos que nos reconciliar com essa pessoa antes de apresentar nossa oferta no altar (cf. Mt 5,23-24).

Perdoamos as pessoas que nos têm ofendido? E quantas vezes devemos perdoá-las? Quando Pedro fez essa pergunta a Jesus, talvez São Judas tenha ouvido sua resposta: “Digo-te, não até sete vezes, mas até setenta vezes sete vezes” (Mt 18,22).

Quando Jesus ensinava a São Judas e aos outros apóstolos como orar, explicou: “Se vós perdoardes aos outros as suas faltas, vosso Pai que está nos céus também vos perdoará. Mas, se vós não perdoardes aos outros, vosso Pai também não perdoará as vossas faltas” (Mt 6,14). Por essa razão rezemos com as palavras que Jesus nos ensinou: “Perdoai nossas ofensas, assim como nós perdoamos a quem nos tem ofendido”.

Oração

São Judas, apóstolo da misericórdia e reconciliação, ajuda-nos a perdoar uns aos outros. Compreendeste a profundidade da compaixão de Deus e nossa resistência a perdoar. Aprendeste de Jesus, o Filho de Deus, como ser misericordioso. Ele te ensinou a perdoar aos que o perseguiram e o mataram. Intercede por nós diante de nosso Deus compassivo para que possamos perdoar as pessoas que nos têm ofendido. Ajuda-nos a eliminar todo vestígio de ódio, amargura ou rancor de nosso coração. Que tenhamos a força de perdoar como Deus nos perdoa. Amém.

Compromisso

Perdoarei alguém que me ofendeu e tratarei de reconciliar-me com essa pessoa.

• *Sétimo dia*
São Judas, pregador da Boa-Nova do Reino de Deus

Meditação

Jesus preparou São Judas e o enviou, ele e os outros apóstolos, às aldeias para pregar a Boa-Nova e para trabalhar pelo Reino de Deus. Depois da ascensão de Cristo, São Judas dedicou-se a continuar a obra do Senhor e lembrou-se de sua palavra, "Ide, pois, fazer discípulos entre todas as nações, e batizai-os em nome do Pai, do Filho e do Espírito Santo. Ensinai-lhes a observar tudo o que vos tenho ordenado. Eis que estou convosco todos os dias, até o fim dos tempos" (Mt 28,19-20).

Às vezes pensamos que não estamos sendo chamados nem enviados; erroneamente pensamos que não temos nada a oferecer ao mundo ou que nos falta conhecimento ou poder suficiente para mudar as coisas. Esquecemos que, pelo Batismo, recebemos uma luz e fomos encarregados assim como São Judas: "Vós sois o sal da terra... a luz do mundo... brilhe assim também a vossa luz diante das pessoas, para que vejam as vossas boas obras e louvem o vosso Pai que está nos céus" (Mt 5,13-16).

São Judas sabia como levar a Boa-Nova de Jesus a outros. Aprendeu do Senhor que, quando damos de comer aos famintos, de beber aos que têm sede, vestimos os nus, visitamos os enfermos ou presos, estamos fazendo tudo isso ao próprio Jesus (cf. Mt 25,31-46).

Corajosamente, São Judas anunciava a Boa-Nova do amor de Deus e com entusiasmo pregava a vinda do reino de justiça, paz e amor. Recordava as palavras de Jesus na Última Ceia: “No mundo tereis aflições. Mas tende coragem! Eu venci o mundo!” (Jo 16,33).

Oração

São Judas, deixaste tua casa e viajaste para longe, para levar a Boa-Nova do amor de Deus a todas as nações. Pregaste com entusiasmo tudo o que havias aprendido pessoalmente das palavras e obras do Senhor Jesus. Com coragem enfrentaste a crítica, a rejeição e, no final, o martírio. Pede ao Senhor que envie o Espírito Santo para que possamos ser fiéis mensageiros do amor, perdão e justiça de Deus a este mundo tão egoísta, violento e injusto. Ajuda-nos a ser o sal da terra e a luz do mundo pela maneira caritativa e compassiva com que falamos e tratamos as outras pessoas. Amém.

Compromisso

Agirei segundo minha fé e levarei a Boa-Nova de Jesus Cristo a outros, com minhas palavras, obras e exemplo.

• *Oitavo dia*
São Judas, advogado de causas difíceis

Meditação

São Judas foi mais que um seguidor de Jesus; era seu primo e amigo. Sua estreita relação com o Senhor não somente mudou sua vida, como também o converteu em um advogado forte para nós. São Judas aprendeu de Jesus a compreender a profundidade da compaixão e a força do poder infinito de Deus. Aprendeu a não duvidar da sabedoria de Deus nem desconfiar da misericórdia divina.

São Judas entendia que todos queremos estar perto de Jesus, ser seus amigos, sentir o calor de seu amor e experimentar seu poder de coração. São Judas escutou Jesus dizer, "... Eu vos chamo amigos, porque vos dei a conhecer tudo o que ouvi de meu Pai. Não fostes vós que me escolhestes; fui eu que vos escolhi e vos designei, para dardes fruto e para que o vosso fruto permaneça. Assim, tudo o que pedirdes ao Pai, em meu nome, ele vos dará" (Jo 15,15-16).

Às vezes nos desesperamos do amor de Deus ou pelo menos duvidamos que Deus nos ouve. Perguntamo-nos: Por que estou mal? Onde está o Senhor quando preciso dele?

Viemos a São Judas porque cremos que ele é um homem de compaixão, que entende que nada é impossível para Deus. Acreditou no que Jesus lhe havia dito na Última Ceia: "Se pedirdes algo em meu nome, eu o farei"(Jo 14,14). Ele ouviu Jesus dizer: "Para Deus tudo é possível" (Mc 10,27).

Oração

São Judas, tu és o primo-irmão e amigo de Jesus. Ao acompanhá-lo em suas viagens e vê-lo curar os enfermos, aprendeste a sentir sua compaixão infinita e a experimentar sua graça salvadora. Creste que ele tem as palavras de vida eterna e o poder sobre toda enfermidade e a morte. Intercede por nós agora para que sintamos o carinho de sua amizade, ou calor de sua presença, e o poder curador de seu Espírito. Já que nada é impossível para nosso Deus, pediremos que ele nos cure de toda classe de doença, tanto do corpo como da alma. Amém.

Compromisso

Prometo animar alguém que se encontra em uma situação desesperada.

• *Nono dia*
São Judas, um dos fundadores da Igreja

Meditação

Como um dos doze apóstolos, São Judas é fundador da Igreja de Jesus Cristo. Onde quer que ele fosse, tratava de organizar comunidades nas quais "viviam unidos e possuíam tudo em comum... repartiam o dinheiro entre todos, conforme a necessidade de cada um... frequentavam diariamente o templo, partiam o pão pelas casas e tomavam a refeição com alegria e simplicidade de coração" (At 2,44-46).

São Judas cria unidade e igualdade na Igreja. Como São Paulo, entendia que "todos somos partes do Corpo de Cristo" (1Cor 12,27). Porque todos somos iguais em Cristo, São Judas professou com São Paulo que "Não há mais judeu ou grego, escravo ou livre, homem ou mulher, pois todos vós sois um só, em Cristo Jesus" (Gl 3,28). Jesus prometeu aos apóstolos enviar seu Espírito, o advogado, que "vos guiará em toda a verdade" (Jo 16,13). Em Pentecostes, receberam o espírito "como um vento forte do céu" e "começaram a falar em outras línguas, conforme o Espírito lhes concedia falar" (At 2,2-4). Eles venceram o medo e pregaram com sabedoria e força.

O Senhor nos chama a todos a sermos membros ativos de nossas comunidades paroquiais, compartilhando nossos dons e colocando nossos talentos a serviço dos demais. Devemos superar nosso medo e egoísmo para reforçar o Corpo de Cristo, que é a Igreja. Jesus desejava muito que todos fôssemos um, como ele e seu Pai são um. Que trabalhássemos pela unidade e igualdade entre todos, em Jesus Cristo.

Oração

São Judas, tu viajaste para longe para levar a Boa-Nova de Jesus Cristo a todas as nações. Reuniste as pessoas em comunidades de fé para que pudessem viver o Evangelho do Senhor, compartilhando suas vidas e recursos, unindo seus corações e mentes em Cristo. Reconheceste a dignidade de todos, a diversidade de dons e a igualdade entre todos os filhos e filhas de Deus. Intercede com o Senhor para que envie o seu Espírito a cada um de nós e aos nossos líderes da Igreja, a fim de que possamos formar uma unidade e igualdade entre tanta divisão e discriminação em nossas comunidades eclesiais. Ajuda-nos a vencer nosso medo ou egoísmo para colocar nossos dons a serviço de irmãs e irmãos em nossas Igrejas locais. Amém.

Compromisso

Prometo fazer alguma coisa para ajudar a reforçar a Igreja local, ou seja, a minha paróquia.

Novena a São Judas Tadeu[2]

Por Dom Guilhermo M. Bravo

Todos os dias a novena começa com os participantes rezando um Pai-Nosso, uma Ave-Maria e um Glória, seguidos de um ato de contrição. Depois, reza-se a seguinte oração.

Oração para iniciar cada dia

São Judas Tadeu, glorioso Apóstolo,
fiel servo e amigo de Jesus.
Nós vos invocamos como patrono dos casos difíceis
e humanamente desesperados.
Rogai por mim, pobre pecador,
a Deus todo poderoso,
pois encontro-me em desespero por
(aqui se faz o pedido particular)
e socorrei-me, se for para meu bem,
glória de Deus e vossa honra.
Eu vos prometo, ó bendito São Judas,
lembrar-me sempre deste grande favor
e fazer tudo o que estiver ao meu alcance
para incentivar a devoção para convosco. Amém.

Em seguida, é feita a leitura da meditação para cada dia. Pedir a graça especial que se

---

2 Dom Guillermo Moreno Bravo, protonotário apostólico, vigário-geral e moderador da cúria da arquidiocese primada do México, é o autor desta novena, que foi publicada com licença eclesiástica e *nihil obstat* das autoridades dessa arquidiocese, em 1998.

deseja obter pela intercessão de São Judas. Depois disso, recitar as seguintes invocações:

Ladainha a São Judas

São Judas Tadeu, apóstolo e testemunha de Jesus Cristo, rogai por nós.

São Judas Tadeu, pleno do Espírito Santo em Pentecostes, rogai por nós.

São Judas Tadeu, que vos compadeceis dos aflitos, rogai por nós.

São Judas Tadeu, que obtendes de Deus grandes milagres, rogai por nós.

São Judas Tadeu, advogado fiel nos casos difíceis, rogai por nós.

São Judas Tadeu, afortunado parente do Senhor, rogai por nós.

São Judas Tadeu, poderoso intercessor daqueles que vos procuram, rogai por nós.

Oração final para todos os dias

Ó Deus, que nos concedeste a graça de chegar a conhecer teu Santo Nome pela pregação dos apóstolos como São Judas Tadeu, concede-nos por sua intercessão chegar a praticar suas virtudes e assim viver um caminho de santidade. Por Jesus Cristo, nosso Senhor. Amém.

• *Primeiro dia*
A vocação de São Judas Tadeu

Lemos nos Evangelhos como Jesus chamou os vários apóstolos para segui-lo. A

São Pedro e a seu irmão Santo André, disse--lhes: "Segui-me, e eu farei de vós pescadores de homens" (Mt 4,19). São Mateus, que era publicano (arrecadador de impostos), ouviu a voz do Senhor que lhe disse: "Segue-me", e deixando seu trabalho, levantou-se e o seguiu (Mt 9,9). Não conhecemos o momento em que São Judas Tadeu foi chamado a seguir Jesus, mas sabemos que foi escolhido como apóstolo quando Cristo nomeou os seus Doze, e permaneceu fiel até o fim, dando sua vida pelo Evangelho.

Todos somos chamados ao seguimento de Cristo. Você também tem uma vocação aqui na terra, mesmo sem ser sacerdote ou religioso. Desde seu Batismo, você tem uma vocação: foi chamado a dar testemunho de Jesus, a dar um bom exemplo, praticando todas as virtudes cristãs: caridade, paciência, pureza, honestidade etc.

• *Segundo dia*
O amor de São Judas Tadeu

No discurso da Última Ceia, Jesus disse: "Quem acolhe e observa meus mandamentos, esse me ama. Ora, quem me ama será amado por meu Pai, e eu o amarei e me manifestarei a ele". Judas, não o Iscariotes, lhe diz: "Senhor, como se explica que tu te manifestarás a nós e não ao mundo?". Respondeu-lhe Jesus: "Se alguém me ama, guardará a minha palavra;

meu Pai o amará, e nós viremos e faremos nele a nossa morada" (Jo 14,22-23).

São Judas Tadeu entendeu bem isso e viveu o amor a Deus e aos irmãos. Por isso, em sua carta, no versículo 21, nos exorta: "[...] vos mantenhais no amor de Deus, esperando a misericórdia de nosso Senhor Jesus Cristo, para a vida eterna".

Peçamos a São Judas Tadeu que nosso coração esteja sempre inflamado do amor de Jesus.

• *Terceiro dia*
O zelo de São Judas Tadeu

O verdadeiro zelo apostólico é o resultado natural do amor a Jesus Cristo que não deseja nada mais que a glória de seu Pai Eterno e a salvação das almas. São Judas Tadeu manifestou seu zelo apostólico não só com a pregação do Evangelho até as mais remotas regiões, mas também – segundo a tradição – deu sua vida por Jesus na Pérsia (hoje Irã). Nos versículos 17 ao 19 de sua carta, ele nos diz: "Vós, porém, caríssimos, lembrai-vos das palavras preditas pelos apóstolos de nosso Senhor Jesus Cristo, que vos diziam: 'Nos últimos tempos aparecerão zombadores, vivendo ao sabor de suas ímpias paixões'. São eles que provocam divisões. São vulgares e não têm o Espírito".

Imitamos São Judas Tadeu no zelo pela glória de Deus e pela salvação das almas?

Fazemos alguma coisa nesse aspecto, pertencemos a algum grupo apostólico? Damos um tempo para a nossa formação, conhecendo e estudando nossa religião para defendê-la dos ataques dos ímpios?

• *Quarto dia*
A fé de São Judas Tadeu

"Fé e vida reta te são pedidas", diz a *Imitação de Cristo* de Thomas de Kempis (Livro IV, Cap. XVIII). E continua: "Não elevado entendimento, nem aprofundar os mistérios de Deus. Se não entendes nem alcanças as coisas que estão abaixo de ti, como compreenderás as que estão acima de ti? Sujeita-te a Deus e humilha tua razão à fé".

São Judas Tadeu seguiu com fidelidade e fé ardente o chamado de Jesus Cristo à dura vida do apostolado e, embora fosse seu parente próximo, o reconheceu como seu Mestre, Senhor e Filho de Deus feito Homem. Pregar sobre Jesus e sua doutrina foi sua ocupação constante desde que foi chamado e por essa mesma fé deu sua vida. Em sua epístola, nos diz nos versículos 20 e 21: "Vós, porém, caríssimos, edificai-vos sobre o fundamento da vossa santíssima fé e orai, no Espírito Santo, de modo que vos mantenhais no amor de Deus, esperando a misericórdia de nosso Senhor Jesus Cristo, para a vida eterna".

Judas Tadeu nos exorta a não esquecer os avisos e ensinamentos dos apóstolos e a permanecer firmes na fé. Se quisermos, portanto, merecer a proteção deste Santo, deveremos guardar a fé católica mesmo à custa de nosso sangue, se for preciso.

• *Quinto dia*
A fortaleza de São Judas Tadeu

A fortaleza é uma das quatro virtudes cardinais do cristão, que garante, nas dificuldades, a firmeza e a constância na procura do bem. Reafirma a resolução de resistir às tentações e de superar os obstáculos na vida moral. Faz com que sejamos capazes de vencer o temor, inclusive da morte, e de enfrentar as provas e as perseguições. Capacita para ir até a renúncia e o sacrifício da própria vida por defender uma causa justa. "Minha força e meu canto é o Senhor" (Sl 118,14). "No mundo tereis aflições. Mas tende coragem! Eu venci o mundo" (Jo 16,33) (*Catecismo da Igreja Católica* n. 1808).

A Epístola de São Judas Tadeu manifesta sua fortaleza ao denunciar valentemente os hereges, exortando os fiéis a permanecerem firmes na fé e na doutrina apostólica. Com extraordinária fortaleza responde aos ataques dos cristãos degenerados, aos que chama "nuvens sem água, que passam levadas pelo vento. São árvores do fim do outono, sem frutos, duas vezes mortas, desarraigadas" (v. 12).

São Judas Tadeu tem aquela fortaleza de São Pedro ou de São Paulo, a de Santiago ou São João, como vemos em seus respectivos escritos. E, como eles, soube levar sua fidelidade ao Senhor Jesus até o martírio. Peçamos a este corajoso santo aquela fortaleza tão necessária nestes tempos de impiedade e covardia, para confessar, claramente e sem rodeios, nossa adesão à doutrina do Evangelho e aos ensinamentos da Igreja Católica.

• *Sexto dia*
A humildade de São Judas Tadeu

Deus "derrubou os poderosos de seus tronos e exaltou os humildes", exclamou a Virgem Maria no *Magnificat*, quando visitou sua prima santa Isabel (cf. Lc 1,52) e se declara humildemente "escrava do Senhor".

Deus protege e ama o humilde. O orgulhoso não deixa lugar em seu coração para Deus e crê não precisar disso, como aconteceu com os fariseus que ficaram à margem da Redenção ao matar Jesus.

A profunda humildade de São Judas Tadeu manifesta-se desde o primeiro versículo de sua epístola, em que, em vez de apresentar-se como parente de Jesus, se diz "servo de Jesus Cristo e irmão de Tiago".

Por isso, cumprindo-se a sentença de que quem se humilha será exaltado, São Judas brilha no céu como estrela de primeira magnitude junto aos demais apóstolos, e que na terra Deus lhe tenha concedido o poder de auxiliar, rápida e eficazmente, os devotos que com humildade o invocam.

Seguindo o exemplo de São Judas Tadeu, sejamos humildes de coração, e não somente obteremos sua proteção, como também a benevolência de Deus.

• *Sétimo dia*
A mansidão de São Judas Tadeu

O Senhor Jesus nos disse: “Aprendei de mim, que sou manso e humilde de coração”. E, em outra ocasião, no Sermão da Montanha, proclamou: “Felizes os mansos, porque receberão a terra em herança” (Mt 5,4). Humildade e mansidão vão lado a lado. Não podemos ser mansos como Jesus Cristo, sem antes ser humildes verdadeiramente.

Diz a tradição que São Judas demonstrou essa mansidão durante toda sua vida, atraindo muitos ao Evangelho por sua boa vontade e bondade. Quando o rei persa Abgar mandou prendê-lo, aceitou com alegria padecer por Jesus e, quando os magos inimigos o lançaram às feras, comunicou-lhes sua mansidão com o sinal da Cruz.

Não é fácil ser manso e humilde no mundo atual, porque as agressões chegam de todos os lados. Por isso, devemos pedir a São Judas Tadeu que interceda por nós para podermos adquirir essas virtudes tão importantes. Como ele, devemos imitar Jesus e ser dóceis, misericordiosos, benignos, amáveis e mansos de coração. Assim, daremos glória a Deus e atrairemos muitas almas a Jesus Cristo.

• *Oitavo dia*
A sabedoria de São Judas Tadeu

Thomas de Kempis, em seu livro *Imitação de Cristo*, diz: "Bem-aventurado aquele a quem a verdade por si mesma ensina, não por meio de figuras e palavras passageiras". Consideremos, pois, a sabedoria de São Judas Tadeu, que foi instruído nada menos que por Aquele que é o Caminho, a Verdade e a Vida: Cristo, o Senhor. Como os demais apóstolos, foi preparado por Jesus durante três anos para difundir, depois, a verdade do Evangelho por terras distantes.

A epístola de São Judas Tadeu nos revela sua sabedoria ao chamar os hereges de "estrelas errantes, às quais são reservadas para sempre densas trevas" (Jd 13). Na história da Igreja muitos hereges têm sido, na realidade, como essas estrelas fugazes, meteoros que por um instante iluminam e se perdem depois nas trevas da noite para sempre.

São Judas nos ensina a grande obrigação que temos de ir sempre crescendo no amor de Deus e de conduzir nossos irmãos pelo verdadeiro caminho da sabedoria evangélica.

Pensemos que, em nosso mundo, ao nosso redor, há muitos irmãos que vivem, como diz a Bíblia, "sentados nas trevas e sombras de morte", devido à ignorância religiosa. Católicos de nome, irmãos separados ou pertencentes a alguma seita não cristã, ignoram as verdades salvadoras do verdadeiro catolicismo, pregado pela Igreja fundada pelo próprio Cristo e baseada nos ensinamentos dos santos apóstolos, como São Judas Tadeu, e guiada pelo Pontífice Romano, sucessor de São Pedro.

Peçamos a São Judas Tadeu não somente a absoluta fidelidade aos ensinamentos do Papa e do Magistério da Igreja Católica, como também a sabedoria e o valor para difundir o Evangelho entre os que nos rodeiam.

• *Nono dia*
O poder de São Judas Tadeu

Lemos no Evangelho de São Marcos que: "os discípulos foram anunciar a Boa-Nova por toda parte. O Senhor os ajudava e confirmava sua palavra pelos sinais que a acompanhavam" (Mc 16,20).

Segundo uma tradição, São Judas Tadeu, ao pregar o Evangelho na Pérsia, converteu inumeráveis pagãos, entre eles o próprio rei de Edessa, Agábaro, curando-o em corpo e alma. Seus inimigos, os magos e impostores, nada puderam contra São Judas, pois eliminou o veneno mortal das serpentes que lhe jogaram.

Podemos, com toda confiança, invocar o poder de São Judas Tadeu naqueles casos em que toda esperança, humanamente falando, parece não existir. A devoção autêntica a São Judas Tadeu implica, com certeza, o compromisso de viver em graça de Deus, cumprindo à perfeição os mandamentos tanto de Deus como da Santa Mãe Igreja. Seria uma incongruência esperar uma graça de um santo, estando ao mesmo tempo afastados de Deus pelo pecado mortal.

Com a consciência tranquila, depois de ter recebido a absolvição no Sacramento da Reconciliação (confissão) e ter sido alimentados com o sagrado corpo de Cristo numa santa comunhão, podemos invocar a intercessão de São Judas Tadeu ante Jesus Cristo, seu parente próximo, e Deus Todo-Poderoso.

No caso de terem sido ouvidas as nossas súplicas, não esquecer de dar graças tanto a Deus como a São Judas Tadeu e propagar sua devoção, evitando superstições e exageros, que não agradam a nosso santo.

Escreveu João Paulo II:

> A celebração da festa de um santo nos recorda nossa própria vocação à santidade. São Pedro, irmão de André, nos recorda de forma estimulante em sua carta, escrita precisamente aos cristãos da Ásia Menor: "... tornai-vos santos, também vós, em todo o vosso proceder. Pois está escrito: *Sereis santos porque eu sou santo*" (1Pd 1,15).

Ladainha de São Judas Tadeu (Para uso privado)

Senhor, tende piedade de nós.

Cristo, tende piedade de nós.

Senhor, tende piedade de nós.

Cristo, ouvi-nos.

Cristo, escutai-nos.

Deus, Pai celestial, tende piedade de nós.

Deus Filho, Redentor do mundo, tende piedade de nós.

Deus, Espírito Santo, tende piedade de nós.

São Judas, parente de Jesus e Maria, rogai por nós.

São Judas, elevado à dignidade de apóstolo, rogai por nós.

São Judas, que tiveste a honra de contemplar ao Divino Mestre humilhar-se a lavar teus pés, rogai por nós.

São Judas, que na Última Ceia recebeste a sagrada Eucaristia das mãos de Jesus, rogai por nós.

São Judas, que depois da profunda dor que te causou a morte de teu querido Mestre, tiveste a alegria de contemplá-lo ressuscitado de entre os mortos e de assistir a sua gloriosa ascensão, rogai por nós.

São Judas, que foste cheio do Espírito Santo no dia de Pentecostes, rogai por nós.

São Judas, que pregaste o evangelho na Pérsia, rogai por nós.

São Judas, que fizeste grandes milagres com o poder do Espírito Santo, rogai por nós.

São Judas, que devolveste a saúde da alma e corpo a um rei idólatra, rogai por nós.

São Judas, que fizeste calar os demônios e confundiste seus oráculos, rogai por nós.

São Judas, que conduziu um príncipe débil a uma paz honrosa com seu poderoso inimigo, rogai por nós.

São Judas, que eliminaste das serpentes mortíferas o poder de prejudicar o homem, rogai por nós.

São Judas, que desprezando as ameaças dos ímpios pregaste valorosamente a doutrina de cristo, rogai por nós.

São Judas, que sofreste gloriosamente o martírio por amor a teu Divino Mestre, rogai por nós.

Apóstolo bendito, com confiança te invocamos!

Apóstolo bendito, com confiança te invocamos!

Apóstolo bendito, com confiança te invocamos!

São Judas, esperança do desesperado, ajudai-me em minha aflição!

São Judas, esperança do desesperado, ajudai-me em minha aflição!

São Judas, esperança do desesperado, ajudai-me em minha aflição!

Que, por tua intercessão, tanto os sacerdotes como o povo fiel da Igreja recebam um zelo ardente pela fé em Jesus Cristo, rogamos-te, ouve-nos.

Que defendas ao Soberano Pontífice e alcances a paz e unidade na Igreja Santa, rogamos-te, ouve-nos.

Que os pagãos e incrédulos se convertam à verdadeira fé.

Rogamos-te, ouve-nos.

Que a fé, a esperança e a caridade aumentem em nossos corações.

Rogamos-te, ouve-nos.

Que nos vejamos livres de todos os maus pensamentos e de todas as tentações do demônio.

Rogamos-te, ouve-nos.

Que nos guardes de todo pecado e de toda ocasião de pecar.

Rogamos-te, ouve-nos.

Que concedas auxílio e protejas todos aqueles que te honram.

Rogamos-te, ouve-nos.

Que nos defendas na hora da morte contra a fúria do demônio e de seus malvados espíritos.

Rogamos-te, ouve-nos.

Cordeiro de Deus que tirais o pecado do mundo, perdoai-nos Senhor.

Cordeiro de Deus que tirais o pecado do mundo, ouvi-nos Senhor.

Cordeiro de Deus que tirais o pecado do mundo, tende piedade de nós.

Oremos

Ó São Judas Tadeu, primo-irmão de Jesus Cristo, apóstolo glorioso e mártir, resplandecente de virtudes e de milagres, fiel e pronto advogado dos que vos veneram e têm confiança em vós, vós sois o patrono e o poderoso auxílio nas situações difíceis. Por isso, eu recorro e recomendo-me a vós. Vinde em meu auxílio, eu vos suplico, com a vossa poderosa intercessão, pois obtivestes de Deus o privilégio de ajudar os que perderam toda a esperança. Dignai-vos baixar os vossos olhos sobre mim; a minha vida é uma vida de cruz, os meus dias, dias de angústia, e o meu coração, um mar de amargura. Todos os meus caminhos estão cobertos de espinhos e quase não tenho um lugar de repouso; além disso, minha alma inquieta está envolvida em escuridão, abatimento e desconfiança; às vezes, até mesmo invadida pelo desespero. O inimigo infernal me faz sentir como se a Divina Providência me abandonasse e a fé desaparecesse do meu coração. Oprimido por estes pensamentos, sinto-me rodeado por uma nuvem escura. Não me abandoneis nesta triste situação. Não vos deixarei enquanto não me tiverdes atendido. Apressai-vos a socorrer-me. Ficar-vos-ei reconhecido o resto da minha vida, reverenciar-vos-ei sempre como meu patrono especial. Agradecerei a Deus pelos dons que vos concedeu e prometo-vos espalhar o vosso culto e a força do vosso nome. Assim seja.

São Judas Tadeu, rogai por nós e por todos os que invocam vosso auxílio.

Oração a São Judas Tadeu

São Judas Tadeu, apóstolo escolhido por Cristo, eu vos saúdo e louvo pela fidelidade e amor com que cumpristes vossa missão. Chamado e enviado por Jesus, sois uma das doze colunas que sustentam a Igreja fundada por Cristo. Inúmeras pessoas, imitando vosso exemplo e auxiliadas por vossa oração, encontram caminho para o Pai, abrem o coração aos irmãos e descobrem forças para vencer o pecado e superar todo o mal.

Quero imitar-vos, comprometendo-me com Cristo e com a Igreja, por um decidido amor a Deus e ao próximo, especialmente ao mais pobre. Espero, então, alcançar de Deus a graça que imploro, confiando na vossa poderosa intercessão (fazer o pedido). Amém.

Pai-Nosso, Ave-Maria e Glória-ao-Pai...

São Judas Tadeu, rogai por nós.

A bênção de Deus por intercessão de São Judas Tadeu

Que o Senhor Jesus esteja convosco para vos proteger: à vossa frente para vos conduzir, acima de vós para vos iluminar, atrás de vós para vos guardar, ao vosso lado para vos acompanhar. Que a bênção do Pai, o amor do Filho, a força do Espírito Santo, a maternal proteção de Nossa Senhora e a intercessão de São Judas Tadeu estejam convosco em toda parte e para sempre. Amém!

Oração do sacerdote a São Simão e a São Judas

Ó gloriosos São Simão e São Judas,

Apóstolos do Senhor,

que a Igreja celebra unidos;

a vossa intercessão acudo confiante.

Ó glorioso São Simão, chamado o Cananeu ou o Zelote,

"zeloso por servir ao Deus único, com plena entrega",

que te distinguiste por um zelo ardente pela identidade judia

e, consequentemente, por Deus, por seu povo e pela Lei Divina.

Em tua eleição vejo como, para Jesus,

não é importante alguém pertencer a diferentes grupos sociais e religiosos,

ele interessa-se pelas pessoas.

Faz que eu, sacerdote de Cristo,

me caracterize também por meu zelo de Deus,

para com seus mandamentos, a Igreja, as almas...

que meu coração abrasado do amor de Deus

irradie o Evangelho a todos

até os confins da terra.

Ó glorioso São Judas Tadeu, "magnânimo",

que na Última Ceia perguntaste ao Senhor:

"Senhor, como aconteceu que te deves manifestar a nós e não ao mundo?".

Também nós perguntamos ao Senhor:

Por que o Ressuscitado não se manifestou

em toda a sua glória aos seus adversários

para mostrar que o vencedor é Deus?

Por que se manifestou só aos Discípulos?

A resposta de Jesus é misteriosa e profunda.

O Senhor diz: "Se alguém me tem amor, há de guardar a minha palavra;

e o meu Pai o amará, e nós viremos a ele

e nele faremos morada".

Isto significa que o Ressuscitado

deve ser visto, sentido também com o coração,

de modo que Deus possa habitar em nós.

O Senhor não se mostra como uma coisa.

Ele quer entrar na nossa vida,

e por isso a sua manifestação

exige e pressupõe o coração aberto.

Só assim vemos o Ressuscitado.

Em tua epístola, São Judas, nos ensinas
a conservar a fé recebida,

diante de todos os que, com o pretexto da graça de Deus,

desculpam a própria devassidão

e para desviar outros irmãos com ensinamentos inaceitáveis,

introduzindo divisões dentro da Igreja,

“deixando-se levar pelo seu delírio”.

Ensina-me a permanecer fiel à fé recebida,

ao Magistério da Igreja, aos ensinamentos
do Papa.

Não permitas que os sacerdotes sejam

“nuvens sem água que o vento leva;

árvores de outono sem fruto, duas vezes mortas,

desarraigadas; ondas furiosas do mar

que repelem a espuma da sua torpeza;

estrelas errantes condenadas à negrura
das trevas eternas”.

Que defendamos a fé com todo nosso empenho,
esforçando-nos no estudo e na pregação.
Faz que, como tu, eu viva plenamente a minha fé,
na integridade moral e na alegria,
na confiança e, por fim, no louvor.

São Simão, o Cananeu, e São Judas Tadeu,
ajudai-me a redescobrir sempre
e a viver incansavelmente a beleza da fé cristã,
sabendo dar um testemunho incisivo
e ao mesmo tempo sereno.

(Baseada na catequese do papa Bento XVI, na Audiência Geral de quarta-feira, 11 de outubro de 2006.)

Rua Dona Inácia Uchoa, 62
04110-020 – São Paulo – SP (Brasil)
Tel.: (11) 2125-3500
paulinas.com.br – editora@paulinas.com.br
Telemarketing e SAC: 0800-7010081